吉野朔実のシネマガイド

新装復刊

シネコン111

吉野朔実

エクスナレッジ

「本日は、当劇場に足をお運びいただき
ありがとうございます。
作品はそれぞれ個性的で
皆様、お楽しみ頂けると自信を持っております。

が、人様の趣味はそれぞれ。

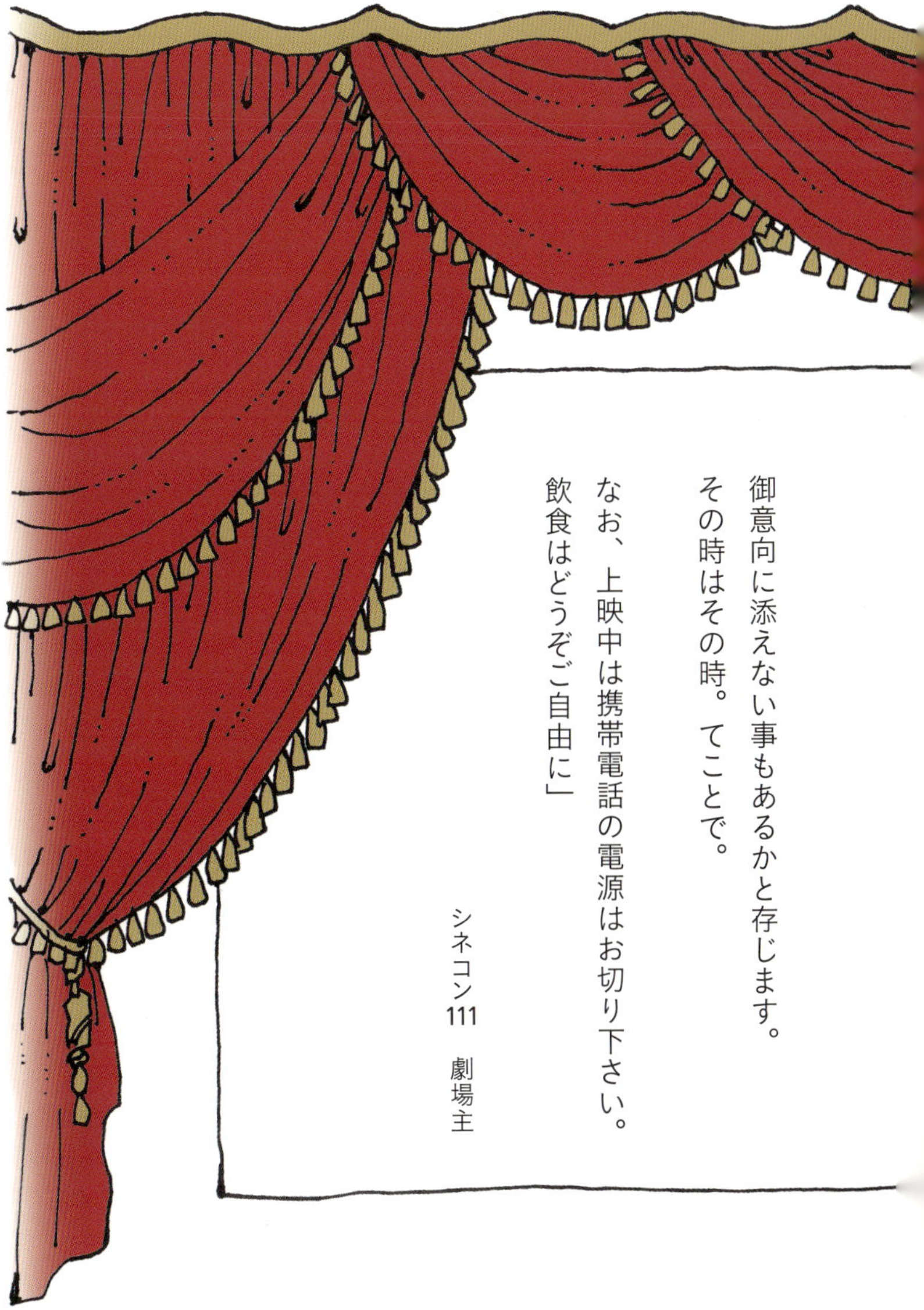

御意向に添えない事もあるかと存じます。
その時はその時。てことで。
なお、上映中は携帯電話の電源はお切り下さい。
飲食はどうぞご自由に」

シネコン111　劇場主

contents

開映の御挨拶 ……2

素敵な歌と舟はゆく ……10
ノー・マンズ・ランド ……12
酔っぱらった馬の時間 ……14
過去のない男 ……16
こころの湯 ……18
神に選ばれし無敵の男 ……20
ファニーゲーム ……22
スパイダー――少年は蜘蛛にキスをする ……24
レッド・ドラゴン ……26
トーク・トゥ・ハー ……28
ハリウッド★ホンコン ……30
少女の髪どめ ……32
エデンより彼方に ……34
人生は、時々晴れ ……36
デブラ・ウィンガーを探して ……38
月曜日に乾杯！ ……40
リード・マイ・リップス ……42
アダプテーション ……44
10億分の1の男 ……46

劇場主のひとりごと n°1
監督オタール・イオセリアーニ ……48

アララトの聖母 ……50
マグダレンの祈り ……52
女はみんな生きている ……54
息子のまなざし ……56
10ミニッツ・オールダー
イデアの森／人生のメビウス ……58
エヴァとステファンとすてきな家族 ……60
パリ・ルーヴル美術館の秘密 ……62
レジェンド・オブ・メキシコ――デスペラード ……64

グッバイ、レーニン！ …… 66
わが故郷の歌 …… 68
WATARIDORI …… 70
シービスケット …… 72
殺人の追憶 …… 74
列車に乗った男 …… 76
キル・ビル Vol.2 ──ザ・ラブ・ストーリー …… 78
スキージャンプ・ペア──オフィシャルDVD …… 80
恋の門 …… 82
ビハインド・ザ・サン …… 84
オールド・ボーイ …… 86
みんな誰かの愛しい人 …… 88

劇場主のひとりごと n°2
特撮とかアニメーションについて …… 90

タッチ・オブ・スパイス …… 92
ベルヴィル・ランデブー …… 94
猟人日記 …… 96
チェブラーシカ／ミトン …… 98
ウィスキー …… 100
バッド・エデュケーション …… 102
コーヒー＆シガレッツ …… 104
PTU …… 106
輝ける青春 …… 108
ラヴェンダーの咲く庭で …… 110
ヴェラ・ドレイク …… 112
皇帝ペンギン …… 114
パイレーツ・オブ・カリビアン
呪われた海賊たち／デッドマンズ・チェスト／
ワールド・エンド …… 116
スパイダーマン／
スパイダーマン2／スパイダーマン3 …… 118
カンフーハッスル …… 120
岸辺のふたり …… 122
ボブ・ディランの頭のなか …… 124
Dear フランキー …… 126

せかいのおわり……128
ターネーション……130

劇場主のひとりごと n°3
カウリスマキ、あるいはカウリスマキ的映画……132

ハックル……134
モンドヴィーノ……136
バッドアス！／スウィート・スウィートバック……138
亀も空を飛ぶ……140
天空の草原のナンサ……142
ある子供……144
ダウン・イン・ザ・バレー……146
僕と未来とブエノスアイレス……148
マイ・アーキテクト――ルイス・カーンを探して……150
ディア・ウェンディ……152
リトル・ランナー……154
チャーリーとチョコレート工場……156

ブロークン・フラワーズ……158
メルキアデス・エストラーダの3度の埋葬……160
ククーシュカ――ラップランドの妖精……162
グッドナイト&グッドラック……164
狩人と犬、最後の旅……166
ダメジン……168
雪に願うこと……170
ローズ・イン・タイドランド……172

劇場主のひとりごと n°4
ジョニー・デップ……174

エコール……176
トランスアメリカ……178
ゆれる……180
隠された記憶……182
明日へのチケット……184
ダーウィンの悪夢……186

カポーティ……188
悪魔とダニエル・ジョンストン……190
イカとクジラ……192
あるいは裏切りという名の犬……194
ブラック・ダリア……196
麦の穂をゆらす風……198
ピンチクリフ グランプリ……200
善き人のためのソナタ……202
グアンタナモ、僕達が見た真実……204
鉄コン筋クリート……206
バベル……208
ボルベール――帰郷……210
クィーン……212
パパにさよならできるまで……214

劇場主のひとりごと n°5
バフマン・ゴバディ、
あるいは民族意識を背負った映画達……216

プレステージ……218
図鑑に載ってない虫……220
グエムル――漢江の怪物……222
ダック・シーズン……224
厨房で逢いましょう……226
ブラインドサイト――小さな登山者たち……228
デジャヴ……230
トゥモロー・ワールド……232
オフサイド・ガールズ……234
サッド ヴァケイション……236
転々……238
パンズ・ラビリンス……240

終映の御挨拶……242

INDEX・初出一覧……244

シネコン111
吉野朔実のシネマガイド

素敵な歌と舟はゆく
Adieu, Plancher Des Vaches!

一見、何気ないすべてのカット、絵がもうめちゃめちゃ丁寧で、美しい映画です。

台詞がほとんど無いので、字幕を読まなくても意味が解ります。なので、私はこの監督本人はおしゃべりな人なんじゃないかと思ったりしました。言いたい事がありすぎて、台詞でそれをしゃべらせると、微妙なニュアンスが伝えられない。じゃあ、止めちゃおう。

その代わり、登場人物がたくさんいるし、カメラはほとんどがロングショット。アップショットが少ない。キャラを追いかけるのが大変。かと思いきや。

だって、誰が間違えるだろう？ ヘリコプターで通勤し、パーティでは大型のコウノトリを肩に乗せて歌う母親と、鉄道模型マニアで、井戸で冷やしたワインとラブラドールを連れて狩りに出掛

監督：オタール・イオセリアーニ
出演：ニコ・タリエラシュヴィリ、リリー・ラヴィーナ
製作年／国：1999年／フランス、スイス、イタリア
DVD発売元：キングレコード、ビターズエンド

ける父親を。

白黒のコーギーを連れた浮浪者と、ローラーブレードで街を走る、ワインを飲む時の一芸しか持ち合わせていない金持ちのバカ息子を。

ハーレー・ダヴィッドソンは鋲打ちで真っ黒。ベンツはシルバー、ヘリは真っ白。パーティの女達のドレスは真っ赤。モーターボートの船着場の柱は黄色。監督が塗ったのかもしれません。

実は父親役が監督、息子役は孫と聞いて驚きました。じじいのくせになんて感覚が若いんだ！

いやもう感動します。

これ、ほんとのパリじゃない、架空なんですけど、パリに行きたくなりました。明日、飛行機に乗りたい！

ノー・マンズ・ランド

No Man's Land

出来ればチラシも映画評も見ないで、なんにも聞かないで観て欲しいです。展開を知らない方が、え？　何これ、どうなっちゃうのこの人達、ちょっと、だんだんと人が増えてきちゃって、こんな大騒ぎになっちゃってもう抜き差しならない状態よ？　何処に落とし込むんだ？　監督!! と、大変お楽しみ頂けます。

ボスニア・ヘルツェゴヴィナ出身、現在パリ在住の監督は自身で脚本も音楽も手がけています。この辺から来た映画は、どれも悲惨な状況を描いていながら、笑いのセンスがありおおらかです。それはしかし非日常であるはずの戦争が、日常の延長線上にあるようになってしまったせいなのかもしれないけれど。

かつては隣町に住んでいた2人がボスニアとセ

監督：ダニス・タノヴィッチ
出演：ブランコ・ジュリッチ、レネ・ビトラヤツ
製作年／国：2001 年／フランス、イタリア、ベルギー、イギリス、スロヴェニア
DVD 発売元：アーティストフィルム、ショウゲート

ルビアの兵隊として、中立地帯（ノー・マンズ・ランド）の塹壕で、背中の下に地雷を敷いた兵隊を挟んで睨み合う。主導権（銃やナイフ）は行ったり来たり。両軍の指揮官達も国連も立ち往生。

誰か個人に戦争の責任を取らせようというのではなく、戦争反対のシュプレヒコールも無く、しかし戦争の残酷、暴力の無意味、憎しみの虚しさを感じさせ、しかも笑わせる。という高度な作品です。

ラストシーンはその象徴なのだと思いました。物凄く怖いけど。

酔っぱらった馬の時間

Zamani Baraye Masti Asbha

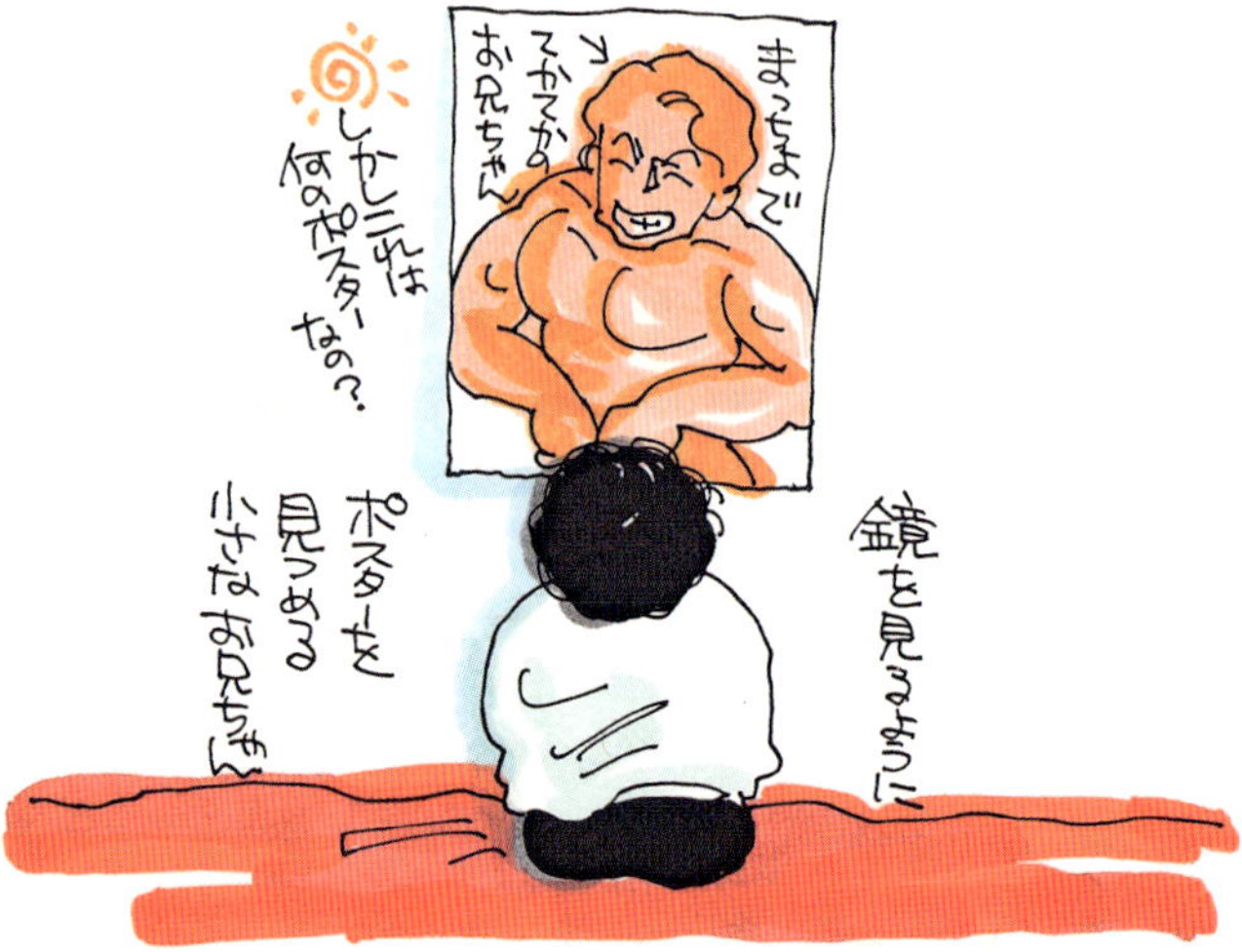

酔っ払った馬というのは、本当はラバの事です。あまりの寒さに、水にウィスキーを混ぜてラバに飲ませ、山賊と国境警備隊と地雷の危険にさらされながら、密輸品をイランからイラクに運ぶクルド族の人々。中には子供達もいます。ラバは密輸品のタイヤ二つあるいは大きな荷物を背負わされているので、人間は当然歩いて山を越えます。

そんな世界の主人公は12歳で家長になった少年アヨブ。身長が自分の半分くらいしかない、不治の病に冒された兄マディの手術費を稼ぐために密輸品を運びますが、なかなか思うように稼げません。

始め「ああまた子供が苦労する話かあ」とか思っていたのですが、雪山を行くラバの隊列のシーンには引き込まれてしまいました。空と山は真っ

監督：バフマン・ゴバディ
出演：アヨブ・アハマディ、アーマネ・エクティアルディニ
製作年／国：2000 年／イラン

白で見分けがつきません。そこにラバと人間達がやって来ると彼らによって境界線が出来る。警備隊に追われて逃げようとして、でもラバがべろべろに酔っ払ってもう動けない。仕方なくはずしたタイヤが山の上から転げ落ちて来て、さらに人も転げて来る。わらわらと空と山の境界線が崩れて点になって落ちて来る、その様は生きる事に必死な人達の辛いシーンであるはずなのに、遠くから見ると楽しげで、遊んでいるようで、それはもう圧巻でした。

過去のない男

Mies Vailla Menneisyyttä

監督：アキ・カウリスマキ
出演：マルック・ペルトラ、カティ・オウティネン
製作年／国：2002 年／フィンランド
DVD 発売元：ユーロスペース

アキ・カウリスマキの新作です［＊］。海外暮らしの友人が久しぶりに帰って来たみたい。お茶でも飲もうか？　御飯にしようか？　お酒も飲む？　でもいいんだ。会えれば何処だって。嬉しいなあ。

『過去のない男』、タイトルのまんまです。長距離列車に乗って降りたところで暴漢に襲われて、荷物も身分を証明するものも何もかも無くして記憶無し。自分が誰だったのかすっかり忘れてしまった男は、見も知らぬ土地でなんとか生き延びてゆくのですが、この時住居とするのが廃棄されているコンテナ。ペンキが斑《まだら》でぼろぼろの、これがなんとも楽しげで、実際には冬は寒くて夏は暑くてたまらないのだろうけれど、うっかり「一度は住んでみてもいいかも」と口を滑らせてしまいそう。ジャガイモを栽培したりジュークボックスを持ち込んだり大家の犬を預かったりしているうちに、いつの間にか友人や恋人も出来て、なんとなくその土地に馴染んでくる。新しい自分に慣れてくる。と、そこに事件発生。おかげで過去の自分を知る者からの連絡が。彼は果たして留まるのか？　それとも過去の世界に帰って行くのか？

記憶喪失ネタというのは昔からあって、今更めずらしいものではありませんが、カウリスマキが撮るとひと味もふた味も違います。現実的なのに、何処か夢み心地。キャラクター達は、地味だけれど芯がしっかりしていて頑固者。意外と野心家。

世話になった人にジャガイモをねだられても「これは彼女と食べるんだ。残りは来年の苗にする」。聖歌しか演奏しなかった救世軍の楽隊にはジュークボックスの歌を聴かせて、いつの間にかロックバンドにしてしまう。大家は決して家賃を待ったりしてくれない。誰もが貰えるものは当然のように貰い、自分の実になる事を提供する。他人に親切にしたいからする。だから暴力には暴力で返される。この人の映画には摂理と信念があります。

*日本公開＝2003年3月15日

こころの湯

Shower

監督：チャン・ヤン
出演：チャウ・シュイ、プー・ツンシン、ジャン・ウー
製作年／国：1999 年／中国
DVD 発売元：東京テアトル、ポニーキャニオン

北京の下町のお風呂屋さん「清水池」。ここにビジネスマンとして他の土地で妻と暮らす長男が帰って来る。知的障害のある次男の、父親の身体が横たわる絵の描かれた葉書を貰ったからだ。何かあったのかと思ったのだ。

昔の日本の銭湯がどんな風だったのかさえよく知らないのに、どうして北京の銭湯を懐かしく感じてしまうのだろう？　マッサージ師にかかった事もないし、シャワーを浴びながら「オ・ソレ・ミオ」を歌う青年も、コオロギ相撲も見た事がない。しかも男湯。

思うにここは、今のサラリーマンなら帰りの居酒屋、お爺さんならかかりつけの町医者とか公園なのだろうな。どうでもいい事、なんでもない事をだらだらとしゃべりに来る場所。家庭でも会社でもないところ。とっても居心地の良いところ。

まあ、とにかくこの銭湯に屯するお爺さん達の顔を見てやって下さい。お風呂だけでも気持ちがいいってのに、マッサージしてもらったり、おしゃべりしたり、将棋にラジオにお茶まで飲んで。ほんとに幸せそう。あの湯気と、音が響く高い天井には人を酔わせる仕掛けがあります。ひとつふたつ死体が転がっていても不思議じゃありません。「あ、死んでる」「ああ、だって気持ちいいもんね」

ただし、水場を管理するのは大変です。毎日のお店と掃除と洗濯だけで一日が終わる。ましてこのご時世、皆家風呂を持って、だんだんと銭湯に通う人は少なくなってくる。おまけに土地開発で立ち退きを要求される。親父は倒れる、借金取りは来る、妻のいつ帰るの？コール。失われてゆく暖かい風景、約束無しに誰でもない人々の集まる場所を今一度、心に留めておきましょう。

神に選ばれし無敵の男

Invincible

監督：ヴェルナー・ヘルツォーク
出演：ティム・ロス、ヨウコ・アホラ、アンナ・ゴウラリ
製作年／国：2001年／ドイツ、イギリス
DVD発売元：東北新社

各時代ごとに36人のユダヤ人が生まれる
世の苦しみを担わせるべく神が選んだ〝正しき者〟
殉教の恩恵が与えられている

1932年、一説にはユダヤ系であったと言われるヒトラー率いるナチスの台頭と共にのし上がって来た、伝説の男ハヌッセン（怪優ティム・ロスが演じています）。有能な詐欺師である彼は、千里眼と催眠術を売りに、ベルリンで「神秘の館」と称する劇場を経営していたという実在の人物。内容は、今なら

マジック・ショーとサーカスと交霊術を一緒くたに披露するようなもの。しかし、その野心はナチスに「オカルト省」を設置する事。農林水産省とか財務省とかと並んで。円形のテーブルの真ん中に座し、ヒムラーやゲッペルスなんかを配してナチスの未来を予言する。実際、ヒトラーは占いを重視していたようです。昔から独裁者達は、古今東西を問わず占いやマジックが大好き。皆お抱えの占い師を持っていました。おそらく今でも。

中国の商人や軍人達も、決して敵に自分の生まれた日や時間、場所を教えないと言います。あるいは嘘を教える。自分の力の及ばない「気」を信じ、それを相手に操られる事を恐れているのです。指導者達のお誕生日は国家機密に等しい。戦いというのは、そういうものなのかもしれません。

しかし、この映画にはもう1人の主人公、歴史に埋もれていた人物が登場します。ポーランドの田舎から、ハヌッセンに呼ばれてベルリンに出て来た怪力の持ち主ジシェ。彼は件の劇場でその力持ち加減をアーリア人として披露し、ナチスの人気を得ます。本当はユダヤ人なのに。純朴で敬虔なユダヤ教徒であるジシェを、それゆえ危険と知りつつ側に置いていたハヌッセンの心情や如何に。2人の運命や如何に。

ファニーゲーム

Funny Games

監督：ミヒャエル・ハネケ
出演：スザンヌ・ローター、
ウルリッヒ・ミューエ、アルノ・フリッシュ
製作年／国：1997 年／オーストリア

最も恐ろしい映画の1本です。

誰もが楽しい夏休み、夫婦と子供と愛犬は車で別荘に向かう。妻が荷物をほどいていると、別荘の隣人宅の客だと言う青年が、卵を分けて欲しいと頼みに来る。ところが、これがなかなか帰ろうとしない。卵を取り落とし、あれこれと文句をつけ始め、やがて仲間の青年が現れると、おもむろに手袋をはめて家族を別荘に閉じ込め犬を殺し、一方的に「暴力」という名の

ゲームを始める。
まるで人格障害者のようにねちねちと絡む青年は、ましで性質が悪い。何故ならそれと知って、わざとそういう振舞いを楽しんでいるのです。弱い者から順にいたぶって殺してゆく手は、あくまでも理性的で、なんのためらいもありません。

監督のミヒャエル・ハネケは言っています。「今やハリウッドでは暴力が快楽を求める手っ取り早い方法となりつつあり、ユーモアとして処理されている」確かにハリウッド映画では、子供や犬は殺されたりしません。主人公は最後まで、ビルが破壊されようが毒を盛られようが不死身です。そして「その他の者」はいともあっさりと殺される。

観客は本当の「暴力」について考え、感じるべきだというメッセージが、この映画には込められているのです。それは正しい姿勢だし、共感できます。でもとにかく怖いし、当然不愉快です。誰がわざわざ嫌な気分にお金と時間を払おうとするだろう？　現実のニュースに理不尽な暴力が溢れているのに？　初めに観た時はそう思いました。しかし、この映画には人に話さずにはおれない力があり、考えざるを得ない意味を持っています。人がなぶり殺しにされるところを、実際に自分自身の目で見た事は無い訳なので。

そしてさらなる恐怖は、この映画を心底楽しめる、あるいは、これを観て同じ事をやってみようという人間もまた存在するのではないかという事なのです。

スパイダー
——少年は蜘蛛にキスをする

Spider

監督：デイヴィッド・クローネンバーグ
出演：レイフ・ファインズ、
ミランダ・リチャードソン、ガブリエル・バーン
製作年／国：2002年／フランス、カナダ、イギリス

駅に降り立つ1人の男。心療施設から退院して社会復帰するために、患者達が集団生活する家に向かう。ハウスマスターはウィルキンソン夫人。窓にそびえる巨大なガスタンク。やがて男は部屋中に紐を張り巡らせ始める。まるで蜘蛛の巣のように。

とても洗練されたサイコスリラーです。「え？　何これ。これがクローネンバーグ?!　全然ぐにゃぐにゃしてないじゃないよ?!」と、がっかりされる方もおられるかもしれません。私も「いったい、いつレイフ・ファインズの腹から蜘蛛が飛び出して来るのだろう?」と思って観ていました。出ません。

出ないけれども、そこが怖い。ぷつぷつ独り言を言いながらまともに階段も上れない風情、シャツを4枚も重ねて着なければ落ち着かない、大事なものは靴下に入れてズボンに隠すその姿は、痛々しさを通り越してひたすら挙動不審。彼の精神を支配しているのはただ、子供の頃の恐怖と悲しみの記憶です。

気が付けばいつも幼い頃の家、母親のところに戻ってゆく。いったい彼に何があったのか？　母親はどうして誰に殺されたのか？　やがて現実と過去は混ざり始め、再び彼を恐怖に突き落とす。この狂気には「何故なのか？」の答えはありません。蜘蛛は決して彼を離さない。身体から出てゆく事は無いのです。

人は皆、日常的に無意識に記憶の修正やすげ替えをしています。都合の悪い事を忘れたり、逆に嫌な事だけ覚えていたりするのも、それはたいてい生きてゆくために必要な、前向きな理由によるものだと考えます。たとえ狂人といえども。しかしその結果が、誰にでも同じ意味を持つとは限りません。理解されるとも限りません。「恐怖」や「悲しみ」しか共有出来ない事もあるのです。

レッド・ドラゴン

Red Dragon

監督：ブレット・ラトナー
出演：アンソニー・ホプキンス、
エドワード・ノートン、レイフ・ファインズ
製作年／国：2002 年／アメリカ
DVD 発売元：ユニバーサル・ピクチャーズ・ジャパン

御存知、ハンニバル・レクター博士のエピソード1。時間的にはこの後『羊たちの沈黙』『ハンニバル』へと続きます。

作りとしては『羊たちの沈黙』のクラリスが男性捜査官になったと思えばよろしい。ただし、このウィル・グレアム捜査官はレクター博士を逮捕に導いた人物。その類まれな想像力はレクター博士も認めている。そして憎んでもいる。彼は例によって特殊房の中で事件の相談を受けながら、巧みに捜査官の心をえぐる。

　ハリウッド映画のセオリー通りと言えばそうですが、なかなかお話が良く出来ているので楽しめました。やっぱりアンソニー・ホプキンスは姿勢が良くてかっこいいし、今回犯人役がレイフ・ファインズでこれも怖くていい。狂人キャラとして着々と地位を確立してきている感があります。今『サイコ』を撮るなら、犯人役は間違いなくこの人でしょう。

　狂気と言えば、犯人の盲目の恋人役を演っているのが『奇跡の海』のエミリー・ワトソン。2人で並んでいると、何かもうそれでもいいんじゃないか？　狂っていたって幸せならば。と切なくなってしまいます。狂気の哀れと恐怖がこのシリーズの一貫したテーマでもありますから、キャスティングとしては良いのではないでしょうか。ハーヴェイ・カイテルも出ていてお得です。


　それにしてもサイコミステリーに、あるいは原作者トマス・ハリスに「狂気の館」は欠かせないんですね。匿名の連続殺人犯には必ず巣窟のようなアジトがある。その家に入ると犯罪が一目で解る、狂気を育む褥《しとね》。だからラストはいつも、なんだか蟻の巣を探し出して叩いてるような事になるのです。観終わった時にある種の爽快感があるのはそういう訳です。

　アジトを持たない殺人者というのも、なかなか捉えにくくて恐ろしいのですがね。

トーク・トゥ・ハー

Hable Con Ella

監督：ペドロ・アルモドバル
出演：ハビエル・カマラ、
ダリオ・グランディネッティ、レオノール・ワトリング
製作年／国：2002 年／スペイン
DVD 発売元：日活

いきなりピナ・バウシュの舞台です。——そうか、そういう映画なのか。水、緑、花、風、そして人。そういうものの流れの美しさ、気持ち良さを表現し続けているドイツの舞踊家、振付師ピナ・バウシュ。これを持ってきたのか、アルモドバル。愛の怒涛を描き続けるこの監督が今回描きたかったのはそれなのだなと心しました。

大体がこの人、一見人道を外れている映画ばかり撮っている、ように見えます。

愛情のあまり道を外す、他人にはなかなか理解しがたい形で愛が成就する、あるいはしない。SM、殺人、レイプ、復讐。でも、何処か明るい。

いいじゃあないですか。それこそ映画、それこそ作り物でしか表せない真実です。そう真実なんてそんなもの。その人の立ち位置、見る角度でまったく違うものになるのですから。

しかし、だからこそ作り手の見識、責任、哲学が問われるのです。そこのところを勘違いしてはいけない。何をやってもいいけれど、嘘をついてもいいけれど、あくまでもその責任は映画の中で取らなければならないのです。

男が2人病院で出会う。2人とも、事故で植物人間になってしまった昏睡状態の恋人を持っている。1人は現実に恋人だった女闘牛士、彼は彼女が目覚める時を絶望しながら待っている。もう1人はかねてから憧れの少女バレリーナ、彼女が植物状態になった時から毎日世話をする看護師。彼は眠っていてこその彼女を愛し、日々話しかけ、充実した努力をひたすら続ける。このちょっとした大きな違い。愛情とは、幸福とは、人が恋人に求めるものとはなんなのか。正しいか間違っているかよりも、自分が何をすべきかすべきでないか、何が出来るか出来ないか、を考えさせてくれます。

追い詰められた男達の不甲斐無さと勇気と絶望と自分勝手を、そして終わらない結末をとくとご覧あれ。

ハリウッド★ホンコン

Hollywood Hong Kong

監督：フルーツ・チャン
出演：ジョウ・シュン、レオン・ツィーピン、グレン・チン
製作年／国：2001年／香港（中国）、日本、フランス
DVD発売元：レントラックジャパン

いきなりトラックの運転席にデブの親子が3人。しかも血を浴びている。何があったんだ?! と思ったら、後ろに食用の豚が積んである。中でも最も太った父親が豚を解体し、バーナーで表面の毛を落とし、焼き豚にする様に乗って、豚の皮膚にスタッフや役者の名前が次々刻印されてゆく。おお、なかなかおしゃれなオープニングだ。思わず期待が高まります。そう、人の皮膚と豚の皮膚はとても良く似ていて、カメラが寄る

と見分けがつかないほどなのです。いいぞ。

監督のフルーツ・チャンはずうっと香港を撮り続けています。「香港返還3部作」とか言いながら4作目も5作目も香港。いつもちょっとぞっとするブラックな笑いが潜んでいて、風が吹く青空にブランコを大きく漕いだり、旗を振ったりして気持ち良く和んでいると、いきなり恐ろしい不意打ちを食らいます。人生、そう甘くはないのだと言わんばかり。今回はプラザ・ハリウッドなる、そびえ立つ5本の高級マンションを背景に、焼き豚屋の親父と2人の息子、自称上海からやって来て身体を売るかわいい娘、そしてネットおたくの青年の日常生活なんですが。これほんとに日常なの？

豚を焼きながら「ママ」と名付けたでかいメス豚を心から愛し飼っている。しかし、それに産ませた子豚をまた焼こうとしているあたり、自然というか獣というか、観ているうちにそれはまあそういうものかもなあと納得してしまうんですけど。

なんだか、ふとフェリーニが香港を撮ったらこんなかなと思ってしまいました。ばかばかしいような嘘みたいなおおらかさと、笑っちゃうような残酷。鈍くささを芸術的に切り取る嫌味の無い知性。そして、かわいらしい子供と女の子。

でも、どうしていつも凶器が中華包丁なんだろう。怖いんだよね、あれ。観ているだけで手が切り落とされそうな感じがして、思わず手首がぞっとします。

少女の髪どめ

Baran

監督：マジッド・マジディ
出演：ホセイン・アベディニ、
モハマド・アミル・ナジ、ザーラ・バーラミ
製作年／国：2001年／イラン
DVD発売元：角川映画

場所は冬のテヘラン、建築現場。主人公は17歳のイラン青年ラティフ。父親の紹介で現場監督に楽な仕事（食事の買出しや労働者達にお茶を出したりする）を貰っている。のくせに、軽口をたたいたり喧嘩をふっかけたりと子供っぽい。文句ばかり言っている。そこにやって来たのが、ひ弱なアフガニスタン少年ラーマト。父親が事故で足を折って働けなくなったので、代わりに来たのだった。セメント袋を運ぶ事が出来ない

ラーマトに仕事を取られて、重労働に回されたラティフは面白くない。ラーマトを苛め始める。しかしある日、炊事場で長い髪を梳《と》かすラーマトを盗み見た時から彼は変わり始める。ラーマトは女の子だったのだ。

少年の淡い初恋物語ですが、過酷です。彼は己の持っているもののすべてを差し出し、それを誰にも誇示せず彼女を助けようとします。でも、彼の手に残ったのは髪どめひとつ。こんなに自己犠牲を払わないと大人になれないのか、イランでは？

薬師丸ひろ子似のラーマト役ザーラ・バーラミは難民キャンプで見出されたというのだから、現実がすでに過酷なのだな。

美意識の高い監督で、建築現場の枯れた色合いですら美しいのですが、お話の、心理的な盛り上がりによる、一瞬が永遠になるような画面にはため息が出ます。この瞬間のために数々の犠牲があったのかと思わされます。それはすべて、ひとつも台詞の無いラーマトを捉えるものだったりするのです。まさに、これこそ純愛。

原題の「BARAN（バラン）」はヒロインの名前で、ペルシャ語で「雨」の事だという事は始めに知っておいた方が良いかもしれません。この映画の中で何度も現れる雨や水が、意味を持っているのだという事を解っていた方が。

エデンより彼方に
Far From Heaven

監督：トッド・ヘインズ
出演：ジュリアン・ムーア、
デニス・クエイド、デニス・ヘイスバート
製作年／国：2002年／アメリカ
DVD 発売元：ハピネット・ピクチャーズ

1957年秋、コネティカット州ハートフォード。ブルジョワ階級の一家。夫婦と子供2人。何不自由無く見える彼らだが、ある日を境に染みのような不幸がじわじわと家族にふりかかる。

この不幸、夫がホモセクシュアルで、妻は人種に偏見が無いために黒人の庭師を最愛の友達にしているというもの。

自分にはどうしようもない性癖、自分は正しいと思う人間関係。しかし世間はそれを許さず、自分達と価値観の違うものに拒否反応を示し排除しようとします。これは風邪をひいた時とかに身体がウィルスを排除しようとするのに似ていますね。メロドラマの基本です。

一歩譲って、それでも己の心の正義に従ってお隣りを気にせずに生きようとしても、それを理由に子供が苛められ石を投げられれば、自分を曲げるしかないと思っても仕方がありません。それを貫けというのもまた暴力になり得るからです。

このジュリアン・ムーアは良いです。まるで、本当にこの時代の人みたい。実在していそうに見えます。衣装も車も良く似合っていて、絵に描いたよう。

そう、この映画のひとつの見所は50年代の衣装や車、家具や雑貨等なのです。裾は短いながらも、明らかにドレスと見えるものを日常的に着用しているのには驚かされますが、会社等で働く女性のスーツもラインはシャープでありながら女性らしく、かわいらしさもあります。車もよくこれだけ集めたなと感心します。でかいくせにチャーミングで、デザインだけ見れば今の車よりはるかに魅力的です。家具もモダンでうっかり欲しくなります。あれっ、そうか、そう考えると男達の衣装だけはあまり流行り廃りが無いのですね。良くも悪くも。デザイナーに男性が多い事を考えると、ちょっと不思議。

人生は、時々晴れ

All Or Nothing

監督：マイク・リー
出演：ティモシー・スポール、
レスリー・マンヴィル、アリソン・ガーランド
製作年／国：2002 年／イギリス、フランス
DVD 発売元：ショウゲート

ロンドンの、同じ集合住宅に住む3つの家族を描いた群衆劇です。主題となる家族は、太ったタクシー運転手とかわいいけれど少し生活に疲れた妻、無口で太った姉とこれまた太った弟。脇を固めるのはタクシー運転手仲間の夫とアル中の妻とその娘、女手ひとつで娘を育てる母親。どの人物もディテールがしっかりしていてリアルです。たまたまタクシーに乗って来る客達も個性的で楽しい。と思ったら、この監督、台本を作らないらしい。そうか、前作『秘密と嘘』も全部即興だったのか、

凄いなあ。それぞれの役者が与えられた役柄を考えたり想像したりしながら役になりきってゆく訳です。

監督曰く「こういう映画には長いリハーサル期間が必要。今回は6ヵ月かかった」。


マンションではなく団地。娘が妊娠してしまうような年齢になるまでずうっとそこに住んでいるのだから、彼らは金銭的にあまり豊かではないらしい。おのずと生活圏は限られ、会う人間も変わらない。だんだん神経が麻痺してお互いにぞんざいになってゆきます。お金が無くっても幸福だった事があったのに、いつの間に話す事が無くなってしまったのだろう？　愛は何処へ消えてしまったのか？

そんなある日、突然太った弟が病気で倒れてしまいます。事件や病気のような非常事態には、家族や友達をもう一度引き寄せる力があります。今まで弛緩していた脳味噌が慌て出し、物理的にも精神的にも、使った事の無い能力を引き出さざるを得なくなります。1人では抱えきれなくなって助け合う事で、それぞれが新しい気持ちになって愛情を取り戻す。これはそういう事があるというお話です。大きな地震の被災地等に、いち早く助けの手を差し伸べるのがやはり酷い目に遭った人達だったりするのもそれに似ています。愛は、理由故の行動ではなく湧き上がる衝動なのです。

デブラ・ウィンガーを探して

Searching For Debra Winger

♡ロザンナ・アークエット♡
「マドンナを探して」
「グラン・ブルー」
「パルプ・フィクション」
等に出演
お人形みたいに
かっちりした顔の
美人。
でもどこか水商売を
思わせてしまうのは
ぽってりした口唇の
せいかも？

監督：ロザンナ・アークエット
出演：ロザンナ・アークエット、
エマニュエル・ベアール、ジェーン・フォンダ
製作年／国：2002年／アメリカ
DVD発売元：エレファント・ピクチャー、ポニーキャニオン

女優ロザンナ・アークエット初監督のドキュメンタリー。何故、デブラ・ウィンガーは女優を辞めてしまったのか？　女優と母親は両立出来ないのか？　いつまで女優を続けていけるのか？　他の女優達はどう考えているのだろうか？

このテーマのもとに、彼女は34人のハリウッド女優達、エマニュエル・ベアールからメグ・ライアン、ウーピー・ゴールドバーグまで、にインタビューを試みます。それぞれ考え方は違っても、40歳前後で家族を持ちながら仕事を抱える女に悩みはつきもの。みんな言いたい事は山ほどあるとばかりにしゃべる事しゃべる事。とはいえ、なんだか女優役をやっているような風情もあって、そしてやっぱり美しい。

女としては共感するところと、やっぱり住む世界が違うのだなあと思うところといろいろありますが、女友達とおしゃべりしているような気持ちになって、時々それはどうなのと突っ込みたくなったり、スクリーンの中でワインとか飲んでくだをまいていたりすると、一緒に飲みたくなったりします。この映画はそういうイベントにしてもいいですね。

男性諸氏はこれだけ豪華な女優陣を一度に見惚れる事が出来るのだから、そして女同士の、あけすけと言っても過言ではない話に聞き耳を立てる事が出来るのだから楽しめるはずです。実生活に役立つかもしれませんよ。

しかし、そうなのか。ロザンナはハリウッドでは、パトリシア・アークエットの姉としてその存在を認められているのか。監督をやってみるという行為は、自分がまだハリウッドでやっていけるのかどうか、まだやりたい事があるのかどうかを確かめるという背水の陣の趣があり、だからこそ女優達は快くカメラの前で、しゃべる事にしたのではないでしょうか。女の結束と心意気を感じる映画でもありました。

個人的にはシャーロット・ランプリングとデブラ・ウィンガーが好きでした。

月曜日に乾杯！

Lundi Matin

監督：オタール・イオセリアーニ
出演：ジャック・ビドウ、アンヌ・クラヴズ＝タルナヴスキ
製作年／国：2002年／フランス、イタリア
DVD発売元：ビターズエンド、キングレコード、シネフィル・イマジカ

日常に飽きて、遠くの町を旅してみたい。でもって、絵葉書を描いたりして家族に送る。自分は今ここにいて楽しいんだよーと報告する、その優雅でいい気な気分。

素敵ですねえ。前作『素敵な歌と舟はゆく』も面白かったけれど、これも美しくて楽しくて笑えます。監督のオタール・イオセリアーニは、ここにも役者として出演しています。落ちぶれた見栄っ張りのヴェネツィア貴族として。もう70歳の方なので、今までこの人の作品を見落としていたのは何故だろうと不思議でしたが、てっきりフランス人だと思っていたらグルジア共和国出身で、トビリシ音楽学院で作曲を、モスクワ大学で応用数学を学び、モスクワの国立映画大学の監督科を出た人で、1979年からフランスに活動拠点を移したのだそうでした。昔の作品も是非観たいと思います。

しかしこの映画、途中で眠ったりしたら面白さが解らなくなってしまいます。くれぐれも体調を整えて行って下さい。より楽しむために。

たとえばオープニング、寝床から這い出して工場に向かうヴァンサンはドアから3メートルくらいのところに車を置いていて、そこまでスリッパで歩き、乗車する時スリッパを置いて行く。その後、工場のシーンがあれこれあって、スリッパの事等忘れた頃に家に戻り、朝のまんまの形で置いてあるスリッパの場所にきちんと停車、無造作に履いて家に入る。こういう細かいところが実に丁寧で、気持ちがいい。

稼ぎ手のヴァンサンがぼろ車なのに、お婆ちゃんはぴかぴかに磨き上げたオープンカーで墓参り。息子2人の部屋は乱雑さも見事なインスタレーション。妻やその他町の女達は皆手が空けば無言でマフラーを編んでいる。前回はコウノトリが悠然といい味出してましたが、今回はワニでした。ジプシー、コサック、女装したトイレ番。それぞれに説明は無いので観ている者は気が抜けないのだ。

リード・マイ・リップス

Sur Mes Lèvres

監督：ジャック・オディアー
出演：エマニュエル・ドゥヴォス、ヴァンサン・カッセル
製作年／国：2001 年／フランス
DVD 発売元：メディアファクトリー

難聴で補聴器を付けないと人の声が聞こえない、代わりに遠くからでも唇を読む事の出来る女と、刑務所から出てきたばかりの男。女はそうとは知らず、成り行きで男を自分の助手に雇う事になる。彼は女の特技をヤクザから大金を奪う手段にしようとする。女もまた自分を蔑《ないがし》ろにする上司の書類を男に盗ませて、出世の手段にする。なんともドライというかノワールな関係の2人だが、女の方はいつしか愛情を持ち始める。

果たして、金と恋の行方は？

これがハリウッドだと、たった今エステに行って来たばかりの如きツヤツヤな2人の、素敵でスリリングな恋愛がらみの犯罪映画という事になるのだろうけれど、フランスの底意地の悪さは成熟度が違う。だいたいが男も女もちっとも素敵じゃないのだ。2人は落ちこぼれの女社員とちんぴらにしか見えない。部屋を見つけてくれた女にセックスでお礼をしようとする男の貧しさ。女を磨こうとしない女。犯罪計画も地味で素人くさい。しかし、協力関係を続けているうちにおどおどしていた女は学習を重ね、最後には立派なヤクザの情婦にふさわしい度胸を身に付けてしまう。その道で生きてきた男が頼りにするところまで成長してしまうのだ。

久しぶりに深くて暗い犯罪モノを観せてもらいました。よく練られたストーリーと素晴らしい演技力、じっくりと腰の据わったカメラワーク。映画が終わっても孤独感は拭えず、果たしてこの2人の未来はやっぱり暗いんじゃないかと思わせます。

こういう映画は殴られた時に本当に痛そうに見えるかどうかが決め手だと思うのですが、すっごく痛そうでした。この世界に手を染めたくないなあと思わせる。気が小さいし怖がりだから、ヤクザを見張ってるだけでも怖い。見つかってぼこぼこにされる想像から逃れられない。始めは彼女もそうだったと思うんですけれどね。

これはついでですが、この監督の『天使が隣で眠る夜』は傑作です。

アダプテーション

Adaptation

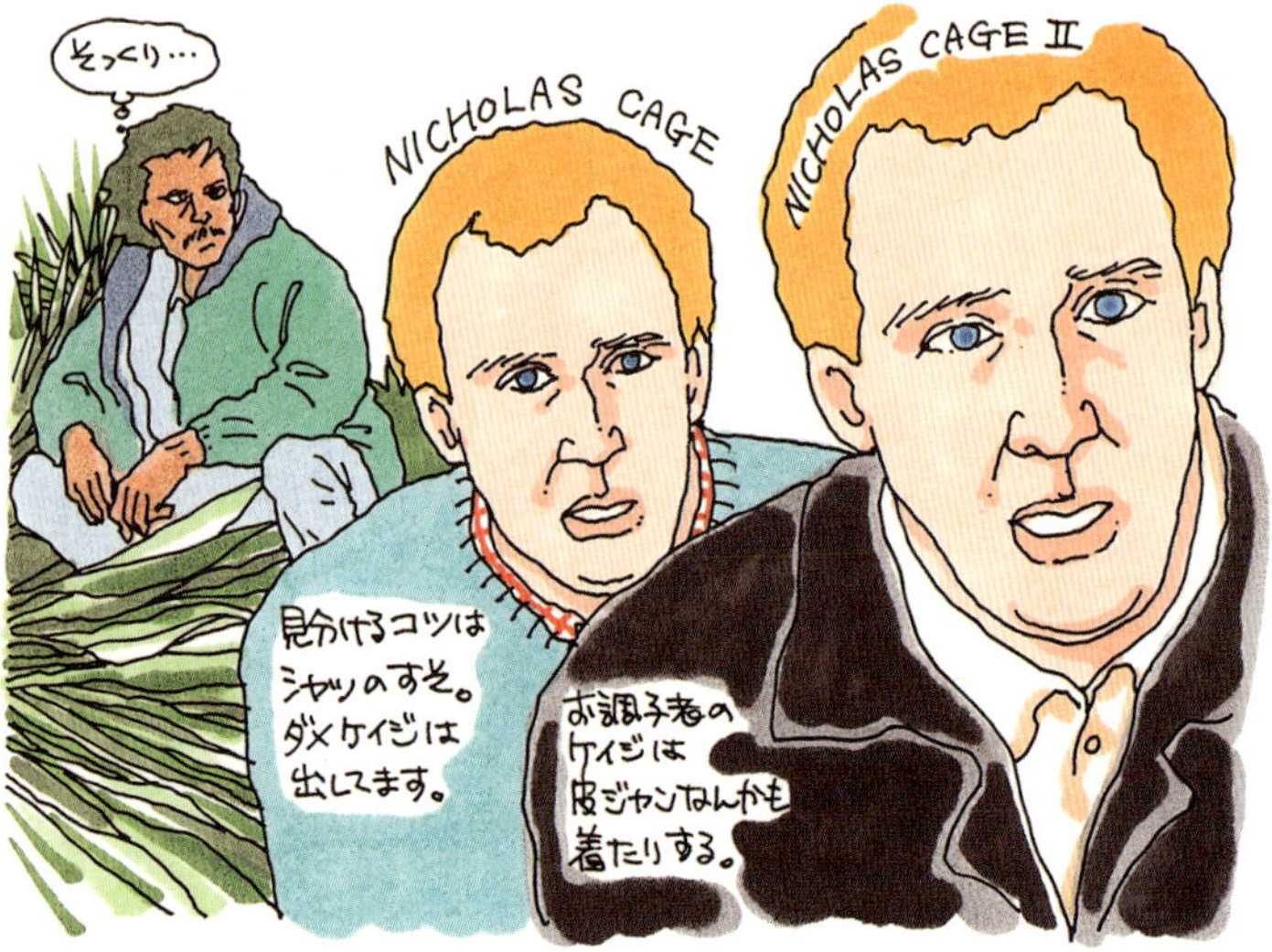

監督：スパイク・ジョーンズ
出演：ニコラス・ケイジ、メリル・ストリープ、クリス・クーパー
製作年／国：2002年／アメリカ
DVD 発売元：アスミック

蘭に取り付かれた男の話というので毒々しくて仰々しい映画を想像していたら、前半はたらたらと脚本家の愚痴を聞かされて拍子抜け。書けなくて部屋をうろうろしたりもうだめだと泣き言を言ってみたり、閃いたと大騒ぎしたかと思ったらやっぱりこんなんじゃ違うと急にへこんだり。しかも、たっぷりと太って暑苦しいニコラス・ケイジのダブル。1人は自分の殻に閉じこもり、1人はやたらと適当で能天気。どっちもうっとうしいよ。

そんな自分自身を双子にしてまで映画に登場させる、露悪的でひねくれた自我にうんざりするくらい付き合わされているうちに、やがて現実と本の世界が交差し始め重なり合って、最後の30分は怒涛の展開を見せてくれる。観終わった時は映画の中のお話と現実の関係はいったい何処までがどうだったのかと疑問符がぐるぐる頭の中を駆け巡り、いや事実はともかく映画に描かれている事だけを考えよう、で、そうか面白かったのかと落ち着きました。こんなに面倒な話をよくまとめたものだ。

なんだかまっすぐな道をよれながら歩いてゆくような印象です。合間合間に現れる幽霊蘭が美しい。でも足元は湿地帯でワニはうようよしているし、腰まで水に浸かってぐずぐず。早くうちに帰ってお風呂に入りたい。清潔な白いシーツの上で眠りたい。

感心したのは、蘭達に魅せられて不法採取しては育て、売買するラロシュといういかがわしい男。始めに台詞で「いつも汚れていて前歯が1本も無いけど魅力的な男なの」とあって、そんな奴いる訳ないだろうと思っていたら、いました。役者の顔は雄弁です。ニコラス・ケイジもそうですが、出てきた瞬間に観ている者を説得する力があります。

この監督はそういう事をよく知っていて、ことさら役者の顔にこだわりを感じます。だいたい『マルコヴィッチの穴』からしてそうでしたからね。驚いて納得する観客達をにやにやしながら舞台裏で見ているのが好きなんでしょう、たぶん。

10億分の1の男

Intacto

監督：ファン・カルロス・フレスナディージョ
出演：レオナルド・スバラグリア、
ユウセビオ・ポンセラ、マックス・フォン・シドー
製作年／国：2001 年／スペイン
DVD 発売元：角川映画

闇の映画。これぞギャンブル。賭けるものは金以外なら、家でも車でも女でも命でもいい。この賭けがまた単純でくだらなかったりするところが怖い。目隠しをされて卓につく4名、部屋には虫が1匹放される。虫が最初に停まった人が勝ち。こんなんで車とか家とか取られていいのだろうか？ 金より性質が悪いです。これはジンクスを取り合い運を賭ける、敗者は勝者に運を奪い取られるゲームなのです。

ジンクス。それは一般に、お相撲さんに抱き上げられると丈夫な子供に育つとか、朝ベッドから降りる時は右足からでないと悪い事が起きるとか、縁起担ぎみたいに思われていますが、この主人公は飛行機の墜落事故で237人中唯一の生存者。そうすると、その存在自体がジンクスになってしまうのです。縁起そのものに。

入院している彼にゲームを持ちかける謎の男。闇のギャンブル界で30年間奇跡的に生き残る老人。彼らを追う警官もまた交通事故の生き残り。何故、彼らはゲームを続けるのでしょうか? それぞれに理由はあります。しかし、こんな事をやらなくてもいい人生だってあるのです。そうせざるを得なかった〝何か〟、それは自分との戦いです。それを描いてこそ最後の一言、誰とは言いませんが「もう愛してないのよ」という台詞が胸を打つのです。観る前と観た後ではこの台詞、まったく違う響きがあると思います。

これはもうひとつの『ディア・ハンター』のようでもあります。目隠しをして後手に縛られて、緑深い森の中を全力疾走する者達のシーンは美しくも滑稽で壮絶でした。弾がひとつしか抜かれていないピストルでロシアンルーレットをする2人よりも。

監督の言葉です。「私達は幸運の証とも呼べるものを手にしたら、わざと失くした方が良いのではないか。〝運〟を呼ぶ最良の方法はそれを分かち合う事だ」

劇場主のひとりごと n°1

監督 オタール・イオセリアーニ

初めて『素敵な歌と舟はゆく』を観た時は嬉しかったです。ああ、これは私の映画。私が観たかった映画だと。丁寧に丁寧に油絵を描くように画面を作ってあります。何気ない街の風景から部屋の中の色、並ぶ窓の配置に至るまで神経が行き届いていてすべての画面が絵葉書のようです。しかもさりげない。

しかし、この監督が今まで目に留まらなかったのは何故だろう？　自身が映画の中に出演していて、それは貴族のお爺さんの役でした。猟銃とワインとグラスを持って、犬を連れて森に入って行く、妻の前ではぼけた振りをしているダメ夫。こんなにお年を召した方だったとは。

イオセリアーニは1934年、グルジア共和国生まれ。トビリシ高等音楽学院の作曲科からモスクワ大学の応用数学に進み、モスクワの国立映画大学で監督科に入学。デビュー作『四月』は当局によって上映を禁止されています。まだ、ソビエトだった時の事です。なるほど、極東の島国までやって来るのには時間がかかる訳です。むしろ、こういう映画を観る事の

出来る日本はいいとこあるなと思うべきかもしれません。

初心者には楽しくて解りやすい『月曜日に乾杯！』をお薦めします。落ちぶれた貴族役を監督自身が演じていて、これは笑えます。お気に召されましたら『蝶採り』『歌うつぐみがおりました』『群盗、第七章』『ここに幸あり』等もどうぞ。

この人の映画には必ず出てくるものがあります。まず動物。コウノトリ、ワニ、チーター、犬、猫、牛等々。それからワインと煙草。車も欠かせないアイテムです。人生無理せず、気の合った友人達とおおらかに楽しくやってゆこうよ、たまには酷い目に遭う事もあるけどね、そういう時は素直に真面目に向き合うかな。全部そんな事を言っているような映画です。

アララトの聖母

Ararat

画家→
アーシル・ゴーキー
主人公の青年は
この人達ではありません。
ルーツです。
←母

監督：アトム・エゴヤン
出演：デヴィッド・アルペイ、
シャルル・アズナブール、エリック・ボゴシアン
製作年／国：2002 年／カナダ
DVD 発売元：アートポート

うーん、凄い。愛と民族の誇りと作家根性を感じる映画でした。

主人公はアルメニアにルーツを持つカナダ人18歳の少年ラフィ。母親は美術史家。ラフィは義理の妹と恋愛関係にあり、その義妹は自分の父親が自殺したのは義母のせいだと思っていて、事あるごとに義母の講義を邪魔しに現れる。母親と息子と義理の娘との確執、これがお話の基本路線。これだけでも1本撮れると思われるテーマだし、そのような描き方です。

ところがここに、今は亡きア

ルメニア人画家ゴーキーが描いた『芸術家と母親』の母親の手は何故未完成だったのかというミステリーが回想として盛り込まれ、1915年にアララト山の麓ヴァンの町で起こった、トルコ人によると言われるアルメニア人30万人の虐殺事件を描こうとする映画監督や役者が、さらにその映画の映像も詰め込まれる。もうパッチワークみたい。物語も映像もてんこもり。

そんな事出来るの？　思うでしょう？　詰め込み過ぎだろと。これが面白いんですねえ。解りにくくなりそうなのにちゃんと観客を先導してくれるそのエンターテインメントな手法は見事です。テーマが重ければ重いほど面白く観せてみせましょうと言わんばかりの力技。映像はそれぞれのテーマに従って微妙に色合いを変えて撮られています。間違わないようにね。

私にはアルメニア人とトルコ人の区別はつきませんが、自分や自分のルーツを無かった事にされる屈辱と怒りは理解できます。同時に、自分自身が直接虐殺した訳ではないのに加害者になっているという、民族として背負っている罪への違和感も。

監督が何故これを撮ろうとしたのか、それは画家ゴーキーのミステリーをどのように解いたかに現れているように思いました。この映画は受け止めてくれるべき人を永遠に失った愛情の行き場なのではないでしょうか。

マグダレンの祈り
The Magdalene Sisters

監督：ピーター・ミュラン
出演：ノーラ＝ジェーン・ヌーン、アンヌ＝マリー・ダフ
製作年／国：2002年／イギリス、アイルランド
DVD発売元：ショウゲート

1964年、アイルランドのダブリン。悲惨な物語は神父の立ち会う結婚式の、ダンスや音楽が盛り上がる楽しげな風景から始まります。

少女版『大脱走』とでも言えばいいでしょうか。これは監獄のような修道院に囚われた少女達が檻の中から脱出するノンフィクション映画です。

恐怖のマグダレン修道院に送られるのは罪人ではありません。レイプの被害者であったり、男の気を惹く美女だからという理由で充分です。父親の解らない子供を産んだというなら、もう一生出られないでしょう。私語も私服も禁止。個人としてのキャラクターを奪われる形で生活しなければならず、脱走したら丸刈り。シスター達の嘲笑を受けながら、祈りと洗濯で生涯を終えるのです。

どう見ても男達が自分達の性的欲求の矛先に、己の罪をなすりつけているとしか思えない場所な訳ですが、出してもらうにもまた男達の許可が無ければなりません。昔はこういう場所が世界中にあっただろうと想像出来ます。神とか家とか正義の名のもとに。

ああ、ほんとにばかばかしくて恐ろしい。だいたい怖い事って単純で理不尽です。と思って観ていたら、あれっ？ 洗濯機？ そういえば、洗濯物を取りに来るのは自動車……という事は。そうです、この修道院、1996年まで元気に活動していたのです。映画に登場している少女達はみんな、現在はお母さんになったり先生になったりして生きているのです。世間からの非難とカトリック教会の弱体化によって閉鎖された今も虐待していた女性達に、修道院からの謝罪は無いと言います。

皮肉な事に生活も服装も同じだからこそ、それぞれの個性が際立って、映画的にはそのあたりが一番の見所です。

女はみんな生きている
Chaos

監督：コリーヌ・セロー
出演：カトリーヌ・フロ、ヴァンサン・ランドン、ラシダ・ブラクニ
製作年／国：2001 年／フランス
DVD 発売元：アスミック

女達のサスペンス。怖くて優しくてタフなエンターテインメント。とにかく、女優がみんな魅力的で素敵です。アルジェリア人ノエミを演じるラシダ・ブラクニは、怪しくも素晴らしい美人で、賢い娼婦という役柄に説得力を持たせています。平凡なフランス人主婦エレーヌのカトリーヌ・フロはコメディ作品もこなすというだけあって、無言の時も表情で見せてくれる。エレーヌの息子の2人のガールフレンドも生意気でいい味。その分、男達がみんな間抜けで情けなくて笑えます。怖い連中も

出てくるけれど、さすが女性監督コリーヌ・セロー。最後はしてやったり。爽快です。

ある夜、パーティに出掛けようと車を走らせるエレーヌと夫は、男達に追いかけられて車の前に飛び込んできた娼婦ノエミを跳ねてしまう。しかし夫はドアを開けようともせず、救急車を呼ぼうとするエレーヌに耳を貸さず、車に付いた血を洗車するために走り出してしまいます。次の日、エレーヌは跳ねた女性を探し出し、全身が麻痺してしゃべれなくなった彼女を毎日見舞うように。やがて少しずつ回復してきたと思った矢先に、彼女を追っていた男達が現れて彼女を連れて行こうとする。間一髪間に合ったエレーヌとノエミの逃避行がここから始まります。何故、ノエミは逃げているのか？　壮絶なノエミの過去を経て、女達は何処に行き着くのか？

とにかく、先が読めなくて目が離せない面白さ。普通だと思っている日常生活が、自分次第であっという間にサスペンス。それでも人は甲斐のある人生を求めて生きる方が、愚痴を言いながら暮らすよりも面白いと思わせてくれる作品です。なかなか女は自分のためには動けなかったりしますが、日頃の誇りと愛情、また鬱屈や不満もいざという時のためにあるのだな。もちろん知性もね。

息子のまなざし

Le Fils

監督：ジャン＝ピエール & リュック・ダルデンヌ
出演：オリヴィエ・グルメ、モルガン・マリンヌ、イザベラ・スパール
製作年／国：2002 年／ベルギー、フランス
DVD 発売元：東北新社

幼い息子を殺された父親が、出所して来た殺人犯に対してどうするのかというお話です。しかしこの犯人はまだ16歳。本人の台詞に「5年も少年院にいたんだからもういいじゃないか」的なものがあるので、つまり11歳の時に子供を殺している訳です。少年はたまたま自分が殺した子供の父親の職業訓練所に入所します。父親は別のクラスに行くように断りますが、少年から目を離す事が出来ません。自分がどうしたいのか、父親自身にも解らない。ついに郊外の製材置き場で2人きりになった時、

果たして父親は？

どうしても、最近の日本の少年犯罪の事件をあれこれ思い出してしまいます。あるいはイギリスのジェームズ・バルガー事件（2人の10歳の少年がスーパーマーケットで2歳の子供を連れ出して暴行を加え、線路に置き去りにして電車に轢かせた）を。残された遺族はどうにもやりきれない気持ちを生涯持ち続ける事になるでしょうし、事件のために家族が崩壊してしまう事だってあるでしょう。煮え繰り返る気持ちで犯人を死刑にしてもらいたいという者もいれば、同じ気持ちで一生かけて悔やんで苦しんでもらいたいと思う者もいます。決して許しはしないが、死んでもらっても仕方がない。愛する子供を失った人達ほど命を尊く感じているのに、犯人に対する憎悪を消す事が出来ない、その苦しみは想像を絶します。どんな被害者の家族も一番の願いは、もう一度時を戻して子供を生きて返して欲しいという事でしょう。何度も何度もビデオテープのように子供の表情や仕草を巻き戻す。しかし、このテープの最後には必ず犯人が現れる事になるのです。

映画には子供の回想、楽しかった平凡な日々の記憶は登場しません。しないのにそれを切実に感じさせる丁寧で静謐な脚本と映像に打たれました。

10ミニッツ・オールダー
イデアの森／人生のメビウス

Ten Minutes Older:
The Cello / The Trumpet

これだけいっぱい作品があると
どれを描いたらいいか迷う。
これは
ビクトル・エリセの
「ライフライン」

「イデアの森」は8人、「人生のメビウス」は7人の映画監督によるオムニバス。1人につき10分しか与えられていない。それぞれがこの10分をどう使い、何を表現するのかというのが見所。思わず自分なら何を撮るだろうかと考えてしまう、誘惑的な企画。

さて。「イデア」の方は思想的あるいは哲学的と称される監督達の競演で、ベルナルド・ベルトルッチに始まり、ジャン＝リュック・ゴダールで〆る。どちらも御大御流石といったところです。私にはクレール・ドゥニの「ジャン＝リュック・ナンシーとの会話」が印象深かったです。異邦人を寛容に受け止める事は、

「イデアの森」
監督：ベルナルド・ベルトルッチ、マイク・フィギス、イジー・メンツェル、イシュトヴァン・サボー、クレール・ドゥニ、フォルカー・シュレンドルフ、マイケル・ラドフォード、ジャン＝リュック・ゴダール
「人生のメビウス」
監督：アキ・カウリスマキ、ビクトル・エリセ、ヴェルナー・ヘルツォーク、ジム・ジャームッシュ、ヴィム・ヴェンダース、スパイク・リー、チェン・カイコー
製作年／国：2002年／イギリス、ドイツ、スペイン、オランダ、フィンランド、中国
DVD発売元：『10ミニッツ・オールダー コレクターズ・スペシャル』＝日活

その人間の個性をむしろ殺す事にならないか？ というテーマを、列車の中で若い異邦人の娘相手に話すジャン＝リュック・ナンシーは、自らも心臓移植によって他人の心臓で生きる哲学者。このままずっと話を聞いていたいと思わせるスリリングな会話でわくわくしました。他の監督も作品のタイトルを言えば解る人達ばかりですが、皆様、直接観て確かめてください。

「メビウス」はもう作家の名前を言うのが一番のコマーシャルでしょう。他に何が？

大好きなアキ・カウリスマキ、『みつばちの囁き』『エル・スール』!!! のビクトル・エリセ、誰も知らないかもしれないけれどドイツの巨匠ヴェルナー・ヘルツォーク、おしゃれでスタイリッシュなジム・ジャームッシュ、ロマンティストのヴィム・ヴェンダース、次に知事に立候補するのはあなたですか？ スパイク・リー、そしてアジア代表感傷の人チェン・カイコー。よくまあ、これだけ集めたなと思いましたね。とりあえず、観て損はないと。

「イデア」は8人なので、「メビウス」にあと1人、誰に10分あげたいかを考えるのもまた映画の後のお楽しみではないでしょうか？ 10分……タランティーノとかが上手そうだけど、うーん。ラース・フォン・トリアーを希望。

エヴァとステファンとすてきな家族

Tillsammans

監督：ルーカス・ムーディソン
出演：エンマ・サミュエルソン、サム・ケッセル、
グスタフ・ハンマシュテーン
製作年／国：2000年／スウェーデン
DVD 発売元：バップ

あったかくって陽気で素敵な家族モノ、とチラシにもあるので、そうかアットホームなんだなと膝を崩して観ていたらいきなり「フランコ将軍が死んだ!!」と喜ぶコミューンの人々。なんだなんだ？　これは政治難民の映画か？　そこに場面変わって、御家族バトル開始。アル中の夫に殴られた妻はエヴァとステファンを連れて件のコミューンを形成する弟ヨーランの家に転がり込む。彼は皆で仲良く愛の家を育もうという大それた夢を持っていて、誰にでも優しく他人を否定する事が出来ない

文字通り「いい人」。しかし、10人以上の人間がひとつの家にぎゅうぎゅうに詰め込まれていれば喧嘩もするし、フリーセックスの名のもとに諍《いさか》いもあるだろう。レズに目覚めたの、ホモもまんざらではないの、裏切ったの裏切らないの。しかもここは社会主義に夢を見ている人達の集まり。一言に「自由」と言っても、なかなかいろいろ絶対に収まりはつかないのだ。

何処がアットホームなんだろう……。映画が始まって1時間たってもヨーラン以外は自分を抑えようとはしないし、争いは日増しにエスカレート。子供同士も喧嘩はするし、学校で苛められたりお父さんに会いたがったり誰も彼もが問題だらけで、もう自由の食べ放題エゴはおかわり自由といったところか。

と言いつつ、それぞれが信念と強い感情を持っているが故に、自分を決して譲らない喧嘩というのは面白くって目が離せないし、合間に見せる孤独と愛情は胸を打つ。いつの間にか顎に手をあてて考えるポーズになって観ていました。どうなるんだ、この映画？　このいつまでたっても自分の事しかかわいくない大人になれない大人達は？　巻き込まれたエヴァとステファンは？

びっくり。ラストシーンは見事なまでに爽快でした。そこで初めて――アットホーム――なのか……。観がいのある北欧の人々に幸多かれ。

パリ・ルーヴル美術館の秘密
La Ville Louvre

監督：ニコラ・フィリベール
製作年／国：1990年／フランス
DVD 発売元：IMAGICA

大好きなニコラ・フィリベール監督の『音のない世界で』『ぼくの好きな先生』よりも以前に撮られたドキュメンタリーはルーヴル美術館の文字通り裏話です。

もともと王宮だったルーヴルには秘密の地下道があったり、表には出ていない作品、誰がどのようにしてここに持ち込んだかも解らないようなものがたくさんあります。ちょっと久しぶりに出してみようか。これが大変な作業。10人の男が大きな巻物を抱えて来る。これを何処にどのように掛けるのか？　何処を修復しなければならないか？　もう工事現場の様相です。消火訓練もあれば人命救助の指導もある。新しい制服（サン・ローラン）の試着もしなければならないし、音響のテストをするために拳銃を天上に向けて撃っている人達までいる。新たに運ばれてきた作品の記録も残さなければならないし、古いものの点検も欠かせない。この単なる作業の連続がもう目が離せないほど面白い。

観覧者にとってのルーヴルはひたすら大きくて静かな美術館で、作品達が主役です。これが「ミロのヴィーナス」これが「モナ・リザ」と。ところが、この監督の視線から撮られると作品はただの物体、モノに見えます。勇猛果敢なギリシャの彫刻も、股座や首に移動のためのベルトで固定されていてはなんだか間抜けで、しかも築地あたりで見かける移動用の車かなんかでがたがたと揺れながら運ばれてゆく姿は思わず苦笑してしまいます。あー、気の毒に……。壁に掛けられる前の絵画達も床に置かれていては情けない。しかもちょいと気を許せば、あるいは魔が差せばひと蹴りで刃物一本でモノは簡単に壊れてしまいます。

人間がいてこそ、美術品の管理、運営、警備、修復等が出来、科学者、物理学者、案内係、資料係、電気工事人、指物師、消防士、その他あれこれ庭師まで含めて１２００人のお仕事あってこそのルーヴル美術館。この映画の主役は何処から見ても働く人々なのです。

レジェンド・オブ・メキシコ
――デスペラード

Once Upon A Time In Mexico

監督：ロバート・ロドリゲス
出演：アントニオ・バンデラス、サルマ・ハエック、ジョニー・デップ
製作年／国：2003年／アメリカ
DVD発売元：ソニー・ピクチャーズ エンタテインメント

くー!! しびれるー!!

見得を切るよな戦闘シーン。『エル・マリアッチ』『デスペラード』に続くメキシコ・ウエスタン3部作の3作目は歌舞伎を観に行くつもりで楽しみましょう。お約束の仕込みギターは火を吹くし、敵の弾はめったに当たらないから安心。大統領、革命家、暗黒街のボスの三つ巴にさっそうと現れるのは、愛する妻と娘を失った復讐の鬼。西部劇というよりもマカロニ・ウエスタンのテイストです。よっ

!!　ロドリゲス屋!!　こんなにベタな物語をからっとクールに決めてくれるのは、今、あなたとタランティーノくらいでしょう。そうよ、かっこよさだけが人生なのよ。

役者も凄い。こんなCIA捜査官いるのか？　いるはずないから、ジョニー・デップ。生きていたのか、チワワを抱いたミッキー・ローク。変な顔だけど、出てくると嬉しいウィレム・デフォー。主役のエル・マリアッチは当然、暑苦しくて素敵なアントニオ・バンデラス。おまけにフリオ・イグレシアスの息子がデビュー。死にそうで死なない、死ななそうであっさり死んでしまう人々。ほんとにもう、嬉しくて顔が笑ってしまう。

音楽も重要です。なんだか仲間内で作ったりもしているようですが、これがなかなか泣かせます。けれんみたっぷりの映画には、ワンフレーズで観る者に次のシーンを解らせなければなりません。哀愁のメロディには失った愛情が持つ欲情。楽しげなリズムにはどす黒い契約。やさぐれた音楽に薄汚れて乾いたブーツが映れば、気分はもう決闘。それはもちろん、勝つべき者が勝つための。

他にも闘牛とか、ホテルの5階から地上のバスまで生身で降りるアクションとか、バイクとか、整形とか、いろいろ面白いシーンがあるんですが、それもこれももはや内容にはあんまり関係ありません。というか、内容なんかどうでもいいし、何処に物語が着地しようが構わない。これこそ、メキシコの伝説!!　考えなくても楽しめるエンターテインメント映画と言えるのではないでしょうか。

グッバイ、レーニン！

Good Bye, Lenin!

監督：ヴォルフガング・ベッカー
出演：ダニエル・ブリュール、カトリーン・ザース、
チュルパン・ハマートヴァ
製作年／国：2003 年／ドイツ
DVD 発売元：カルチュア・パブリッシャーズ

東ベルリンでドイツ統一のデモにもまれて心臓発作を起こし昏睡状態に陥った母親が8カ月後に目覚めた時、ベルリンの壁は崩壊、ドイツは統一されていた。医者にショックを与えると命に関わると言われ、息子のアレックスは母親に世界は何も変わっていないと嘘をつき始める。

笑える映画だとは思いませんでした。母親がピクルスを食べたいと言えば、東ドイツだった頃のピクルスのビンを探し回り中身を詰める。みんなが集まる時は昔の服を探して着替えさせてから部屋に入れる。窓の外にコカコーラの看板がするすると上がって来れば「とうとう西側が東に屈服したんだよ、お母さん」、TVが観たいと言えば映画監督志望の友達も巻き込んでニュースをでっち上げ、通りに西側からの人々が大勢闊歩しているのを見た時は「西側の難民が仕事を求めて押し寄せて来ているんだよ」、それが本当に母親のためになるのかと姉に文句を言われながらも、もう涙ぐましい努力とごまかしの連続。しかし、やがてそれはアレックス自身のためでもあったのだと気がつき始めるのです。

つい、ベルリンの壁崩壊、おめでとう！ 統一万歳！と単純に言ってしまいがちなのですが、しかし信じていた社会主義を失った東の人々の心境はそんなに簡単なものではないのですね。そういう当たり前の事もうっかりすると気がつかなかったりするのだと、そしてそれで1本映画が出来ちゃったりもするのかと、知らなかった自分の耳の後ろの黒子に気がつかされたような驚きでした。笑いながら、いつしかアレックスと母親に痛みももらってしまって泣かされるという感動作でもあります。

わが故郷の歌

Gomshodei Dar Araq

監督：バフマン・ゴバディ
出演：シャハブ・エブラヒミ、アッラモラド・ラシュティアン、
ファエグ・モハマディ
製作年／国：2002 年／イラン
DVD 発売元：『バフマン・ゴバディ DVD-BOX』＝ IMAGICA

『酔っぱらった馬の時間』のバフマン・ゴバディ監督の作品です。これもクルド人の映画で、今回は立場や環境の違いよりも民族性の違いをおおらかに観せてもらえます。

昔、自分を捨てて男と逃げた女ハナレが困っていると聞き、嫌がる息子2人を連れて彼女を探す旅に出るクルド民族音楽の大歌手ミルザ。息子のバラートご自慢のバイクの後ろには兄アウダ、ミルザはサイドカーに乗り、いざイラクを目指す。

途中、盗賊に襲われたり結婚式の騒動に巻き込まれたりと散々な目に遭い、「それもこれも父さんのせいだ！　どうしてあんな勝手な女のために俺達が⁈」悪態をつきながらも楽器を演奏したり女の子に恋をしたりして、兄弟はその場その場を結構楽しんでいる。

バラートはバイクを取られて落胆するも嫁をゲットして、意気揚々と故郷に帰る。アウダは女を見るなり「嫁に来ないか、8人目の？　何故なら息子が欲しいんだ。うちは娘ばっかりだから」。女達は「バカじゃないの？　冗談じゃないわよ」。が、孤児の施設で男の子をもらえると聞いて「いいの？　いいのか、ほんとにもらえるの？　嬉しいー‼」と子供を連れて、これもまたいそいそと帰る彼の価値観は、DNAにこだわる先進国とはひと味違います。でも、待っている7人の妻と娘達の事を思うと……これもまためそう。かくして一人旅になったお爺さんのミルザだが、果たしてハナレには会えるのか？

中東の映画なのに、女達を差別している感じがありません。彼女らは仕事もしている。また、音楽家が出ているというのもめずらしい。男と逃げたというハナレ自身も歌手だし、バラートが恋をするのも声の美しい女。顔も普通に出している。どうもクルドの人達はイランやイラクやアフガンとは違う女性世界を持っているらしい。情けない男達に頑張れよとエールを送りたくなるくらいには。

WATARIDORI

Le Peuple Migrateur

75
ほんっとにこんな映画
よく撮ったなあ。
恋人を鳥にしたら大変すぎて死ぬ。

総監督：ジャック・ペラン
製作年／国：2001年／フランス
DVD発売元：角川映画

この映画は始めからDVDを買おうと決めていました。本編は鳥達のドラマで、もう1枚のメイキングの方は人間達のドラマです。本編の、ただただ渡り鳥が飛んでゆく世にも美しい映像をいったいどうやって撮ったのか？　途中、鳥が海の上で出会ったフランス海軍の船に降りてしまった時、追いかけて行った人間達はどうしていたのか？

何処までが演出で何処からが自然なのか？　さらにアクシデントまで――渡り

鳥を見失った時、船の人々が2時間かけて探してくれた事等がこちらを観ると解る仕掛けです。

カメラを280度パン出来る超軽量飛行機や、鳥を追いかけるための移動カメラ、崖から釣り下がって撮影するための機材等々すべてがオリジナル。4年の歳月、鳥類学者や学生達、パイロット、共同監督、技術スタッフら総勢500名をかけ、世界中300カ所をそれこそ人も渡り歩いた。4日かけて川を上るとか南極圏やジャングルの奥地での撮影とか、言葉にすると簡単ですが、気の遠くなるような作業です。嵐も来れば機材も壊れ、しょっちゅう鳥は行方不明になる。でも、きっと楽しかったろうな。誰も撮れなかった映像、誰もやらなかった事をやるのは。飛んでいる鳥に触るなんてそれだけで凄いと思ってしまいます。下から見ている時の鳥は楽に飛んでいるように見えますが、実際は小刻みに震えながら結構必死で風に乗っているのが印象的です。鳥嫌いの人にはあえてお薦めしませんが、観ると気持ちが変わるかもしれません。

本編の方にも、マークがある時はクリックすると渡り鳥図鑑の画面が出て、その鳥の名前や生息地が解るようになっています。まさに動く図鑑です。子供の時にこういうものがあったらなあ。誰かにプレゼントしたくなる映画です。

シービスケット

Seabiscuit

うま
人参も もともとは食べない。
人に教えられて食べる。
泳ぐのも上手。
馬は生まれてすぐに走る。
生まれる前から人間と生きる。

監督：ゲイリー・ロス
出演：トビー・マグワイア、ジェフ・ブリッジス、クリス・クーパー
製作年／国：2003年／アメリカ
DVD発売元：ポニーキャニオン

1930年代、失業率25%。不況に喘ぐアメリカの貧しい人々が愛した見栄えの悪い小柄な競走馬、シービスケットの伝説。日本でいえばハイセイコーかオグリキャップ。こんなドラマが実話だとはとても信じられません。面白過ぎる。

恐慌と一人息子の死で打撃を受けた車のディーラー、馬主のハワード。車の台頭で仕事を失った孤独なカウボーイ、調教師のスミス。不況で親を失くし金のためにやっている賭けボクシングで片目まで失った騎手のポラード。この痛みを抱えた3人の男達が、血統はいいけれどちっとも走らず、調教師にぼろぼろにされているシービスケットによって結びつき、これを育て、やがて破竹の快進撃を始める。

当時、東にはウォーアドミラルという〝総督〟の名を持ち三冠を誇る名馬がおり、西の海軍で支給される硬いビスケットなんか鼻にもひっかけなかった。この2頭のどちらが本当に強いのか？　マッチレースを望む国民とハワード陣営は、なんとか総督を引っ張り出そうとあの手この手で誘いをかける。さらに勝てるはずだった因縁のレース、サンタアニタハンデまでもう怒涛の展開。観る前にレースシーンが問題だよなあと思っていましたが、なかなかの迫力でした。音も凄いがカメラの位置も凄い。まあね、もう1人ビスケットに乗るウルフ役を含めて、レースに出演しているのは現役の騎手達ですから凄みが無いはずがない。ただ1人の素人、ポラード役のトビー・マグワイアがだんだん騎手顔になってゆくのと、原作には無いキャラクター、ラジオで競馬の実況中継を面白おかしく伝えるDJも見ものです。

映画には出てきませんが、あれほどその名を馳せたシービスケットの墓や銅像は無いそうです。馬主が最後は自分だけに解る場所に埋めたので。派手好きハワードのこの馬に対する愛情の深さが偲ばれます。

殺人の追憶
Memories Of Murder

監督：ポン・ジュノ
出演：ソン・ガンホ、キム・サンギョン、パク・ヘイル
製作年／国：2003年／韓国
DVD発売元：アミューズソフトエンタテインメント

1986年、明るく晴れた空、畑の用水路で発見される若い女の死体から話は始まる。手足を下着やストッキングで縛られ強姦されたあげく、顔に自分のパンツを被せられて絞殺された死体。猟奇殺人事件とは縁の無さそうな、如何にものどかな田舎の村を舞台に事件は続く。犯人はいったい誰なのか？　しかし担当している刑事も田舎者、頭の弱そうな容疑者を呑気にも暴力で犯人にしようとする。そこに大都市ソウルか

らニヒルな刑事がやって来て「火傷で指の繋がった人間にこの結び目は作れない」と容疑者を解放。当然、2人の関係は険悪なものに。だが次々と起こる殺人事件の中、それぞれの中で何かが変わり始める。

事件は必ず雨の日、そしてラジオのリクエストで「憂鬱な手紙」という曲がかかった後に起こる。実際に韓国のファソンで起こった連続殺人事件がもとになっているそうですが、これがもう面白い‼ あっという間に引き込まれてしまいました。未解決の事件を映画の中で終わらせるにはどうしたらいいのか、という問題に対するひとつの答えがこの映画にはあります。正反対な2人の刑事を通して、事件に対する怒りや憤り、興味や恐怖、犯人を捕まえる事が出来なかった無念をいろいろな形で受け取る事ができます。これらの人物描写こそがこの映画の要です。

実際の被害者がいてその家族がいて、だからこそ映画は面白くなければならないと思いました。それでこそ悲しみは伝わるのだと。この映画がきっかけになって韓国では改めて犯人を探そう、事件を忘れてはならないというＴＶ番組等が組まれたといいます。それは今起こっている事件を意識させる力でもあるのではないでしょうか。

場面ごとに、役者がどういう顔をするのかというのも見所です。オープニングとラストシーンの名優ソン・ガンホ、次第に感情的になってゆく新鋭キム・サンギョン。彼らもまた事件を映画によって体験しているのだと感じました。

列車に乗った男
L'Homme Du Train

監督：パトリス・ルコント
出演：ジャン・ロシュフォール、ジョニー・アリディ
製作年／国：2002年／フランス
DVD発売元：アーティストフィルム

シーズン・オフのリゾート地に、列車に乗ってやさぐれた男がやって来る。どう見ても過去に何かある犯罪者。眉間の皺に皮ジャン、薬局でアスピリンを買っている姿すらも様になる中年男ミラン。誰にでも必ず「他に欲しいものは?」と聞くパン屋の娘も彼には聞かない。バーに入れば、女達の視線は彼に釘付け。そこにいるだけでその場の空気を変えてしまう、厳しい現実を背負った男。

方やそんな男に憧れてい

るのは初老のマネスキエ。広大な庭の中の大きなぼろ屋敷に住む引退した元フランス語教師。歯ブラシも室内履きも予備を2つ用意しておく小心者。カフェで大声を上げる青年達に、意を決して喧嘩を挑むも「あっ、先生！　お久しぶりです」。人生はそう簡単に切り替わったりはしない。幸運にも平和と退屈に恵まれ、結婚すら出来なかった、想像のセックスと礼儀正しい関係から抜け出せない男。

2人の会話は何処までも噛み合わないが、常にしゃれている。たとえば、拳銃を撃ってみたいというマネスキエに空き缶を並べるミラン、マネスキエは聞く。「何を思えばいいんだ？」「空き缶だと思えば？」「庭師でもいいかな」「じゃあ、庭師の空き缶だ」

寡黙なミランが「室内履きをくれないか？　履いた事がないんだ」「自分の足の肌のように履きこなしてこそ価値が出るんだ。似合ってないけど進呈しよう」。

そして運命の土曜日、ミランは銀行強盗に、マネスキエは心臓の手術に向かう。もしかしたら別の人生があったかもしれない、室内履きを履いて子供に詩を教えたり時々ピアノを弾いたりする人生、あるいは犯罪を恐れず人を恐れず女にもてる一匹狼。どちらの人生も羨ましくはないが、どちらの男も魅力的に描かれているところがフランス映画、ルコントの実力が光ります。音楽もなんとも不思議なギターで、湿気った画面にぴったり。食事のシーンが豊かなところもお国柄。

キル・ビル Vol.2 ——ザ・ラブ・ストーリー

Kill Bill: Vol. 2

監督：クエンティン・タランティーノ
出演：ユマ・サーマン、デヴィッド・キャラダイン、マイケル・マドセン
製作年／国：2004年／アメリカ
DVD発売元：ユニバーサル・ピクチャーズ・ジャパン

あえて「2」です。「1」も嫌いじゃないんですが、刀の88人切りはいささか飽きが来ます。切れるはずがないとか、そういう話じゃなくて。何故、日本語を話す必要の無いユマ・サーマン（ブルース・リー？）とルーシー・リュー（梶芽衣子？）の会話が耳障りな日本語なのかとかじゃなくて。刀鍛冶に「ハットリ・ハンゾー」はありえないとかじゃ……あ、もういいですか？ はい。個人的には「ゴーゴー夕張」が好きでした。

やはり、敵は強くないと復讐モノはだめでしょう。その点が「2」いいですねえ。ビル（デヴィッド・キャラダイン!!）を始め、大好きなダリル・ハンナ、『レザボア・ドッグス』でめちゃ怖かったマイケル・マドセン。すっごくいい!! もう、こいつらを倒すと思うとわくわくします。でも『キル・ビル』のユマ・サーマンは、今までの役の中で一番優しくかわいく見えてちょっと不安です。『パルプ・フィクション』の方がよほど怖かった。大丈夫なのか？ こんなに柔らかくてアイパッチの女に勝てるのか？ しかも、娘を人質に取られてて？ が、観て納得しました、愛がすべてに勝つと。そういう話だったのね。愛こそが復讐の原動力、愛が地球を壊すのね。だったらいいんだ。さあ、血で血を洗うためのゴングを鳴らそう!!

いちいちキャラクターが長ゼリフを披露してからの勝負はタランティーノのお家芸、歌舞伎のように見得を切るのをみんなじっと待つのがお約束。ばかばかしい中国の武道家に教えを請う長々としたエピソードもただ、埋められた棺おけから脱出するための説明だったのかと思えば納得せざるを得ません。ついでに、アイパッチの説明にも流用しようって？ この軽さ、このいい加減さを楽しめれば、最高に笑えるかっこいい映画です。

別に「1」を観ていなくてもあんまり関係ないです。興味のある方だけでもご覧になってはいかがでしょうか。

スキージャンプ・ペア——オフィシャルDVD

Ski Jump Pairs -Official DVD-

監督：真島理一郎
実況・解説：茂木淳一、田島宏崇
製作年／国：2003 年／日本
DVD 発売元：エイベックス

——2002年、スキージャンプの世界は「ペアの時代」に入った——

アナウンサー「きれいなジャンプです。スーパーブイ!! あれっ？ 何か変ですねえ。リプレイが入ります……あ、甥っ子です。ペアの間に。原田選手の甥っ子です」

解説者「あー、甥っ子なら仕方ないですねえ」

——2006年、スキージャンプ・ペアは「甥っ子時代」に突入する——

なんなんだ、これは。変な技

を生真面目にアナウンスするスキージャンプの冬季オリンピック。ジャンパーの顔は皆同じ。色がちょっと違うだけ。絵はさほど凝っているようには見えないが、臨場感があって「ただいまの皇帝ヴィドヘルツル転倒のため、会場の整備を行います。その間に上位選手の演技をご覧下さい」等ときちんとやってくれる。これだけでパロディ好きにはぐっと来るものがあり、でも、いやいやこれくらいで笑うもんかとか思っていると、出るわ出るわ、ばかばかしい演技の数々。「出ましたノッダ!! 見事な首の動き!!」「この首の動きは仏教じゃありませんね。1年間、いったい何やってたんだよ」「仏教ではなかったあ!! 浅はかなり、タイラー&ジェフ!! 不愉快です!!」

観ないと解りませんね。観てても解んないけど。素晴らしいのは解説です。もちろん、そのために苦しいまでのバカ技を考えなければならなかったでしょうし、CG作るのも御苦労だったでしょう。が、白馬の空に日本の住宅事情やドラ○もんが飛んだ日にはもういいやなんでも。映画好きにはカウリスマキ兄弟やクエイ兄弟が飛ぶのも嬉しい。特典映像の「ペアジャンプと世界の鳩」、世界の各都市にこの作品を持って行って、何処の国にも暖かく受け入れられて、結構笑われているのを見ると嬉しくなります。ばかばかしさが世界を繋ぎ救うのだなと。ちなみに、ドイツと韓国とチェコには鳩いなかったそうです。

恋の門

Otakus In Love

監督：松尾スズキ
出演：松田龍平、酒井若菜
製作年／国：2004 年／日本
DVD 発売元：アスミック

笑えたなあ、これ凄い。驚きました。映画なのに漫画です。原作が漫画だからという訳じゃなくて。今の日本の面白いところがダイナマイトに出ていて、こういう映画を海外の人達にも観てもらいたいと思いました。いやっ、観るべきだ！

主人公は松田龍平扮する自称漫画芸術家、石で漫画を描く男・蒼木門。方や昼間はＯＬ、その実態はゲームキャラクターのコスプレと、自費出版で漫画を売る事に命をかける女・証恋乃（酒井若菜）。互いにまったく相手の聖域を理解出来ない苦悩と、己の世界の限界に束縛されながら恋に落ちる。

石について語る門に頷く恋乃、後ろで笑いが起きると「何がおかしい?! この人は心を込めて解ったふりをしてくれているんだ!!」。しかし石漫画の作品を見せられて恋乃は追い詰められる。「この人は私に感想を求めている。どうしよう解らない、ていうか石だし、漫画に見えないし……」そのばかばかしさと切実さこそ恋愛。

脚本も間も画もいちいち神経症的で、監督・松尾スズキの本領発揮。劇団「大人計画」の主宰者で演出家で劇作家で役者としても活躍する彼は、この映画でも筆を置いた元有名漫画家で2人の恋に絡むというおいしい役どころを演じている。他にも門の父親、日本画の大家に大竹まこと。門のアパートに生息する幽霊のような人々の中には忌野清志郎。恋乃の母親にコスプレした大竹しのぶ。旅に出た門が出会う登山家カップルの女に片桐はいり、SMな居酒屋親父に小日向文世。おまけに東京ビッグサイトのコミケの客には漫画家しりあがり寿に山本直樹に内田春菊。他にもマニアックな豪華メンバーがぞろぞろ参加していて、何処か手作り感覚なのも嬉しい。

ビハインド・ザ・サン

Behind The Sun

監督：ウォルター・サレス
出演：ロドリゴ・サントロ、ラヴィ＝ラモス・ラセルダ
製作年／国：2001年／ブラジル
DVD発売元：ハピネット・ピクチャーズ

悲しかった。美しくて苦しくて強い映画だった。「泣ける映画」が売りになるなら、本当に泣きたいなら、こういう映画を観ればいいのに。

1910年、ブラジルの荒涼とした土地に住む2つの家族は、代々土地の権利を巡って殺し合いを続けている。ブレヴィス家のトーニョは20歳。兄の敵を討つが、今度は自分が狙われる事になる。命の期限は次の満月まで、殺された者のシャツの血が黄色に変わるまで。

殺し合いにもルールはあるらしく「お許しいただけるなら、あの一家を皆殺しにします」と言う息子にフェレイラ家の家長は答える。「流された血の分しか返してはならない。そうしないと、来世でその倍返される」と。

さとうきびを飴に変えて売る仕事を、朝から晩まで毎日毎日牛のように続けるブレヴィス家、この映画の語り手である末の弟には名前すら無い。ただ「坊や」と呼ばれている。この閉ざされた世界に現れたのは旅回りのサーカス団の父親と娘。娘のクララは坊やに人魚姫の絵本を与え、父親はパクーという名前を付けてくれる。彼らは外の世界そのものなのだ。命の危機に迫られながらも家族に縛られ逃げる事も出来ないトーニョは、当然のようにクララに恋をする。

クララが火を噴く時の美しい炎、トーニョの前に広がる何処までも青い空、さとうきび畑、夜の闇、荒れた土すらもが鮮やかで、それが命の宣告をされた者の見る風景そのもののようで胸が詰まりました。

クララ役のフラヴィア＝マルコ・アントニオは、実際にもサーカス団のスターだそうで、どうりで火やロープを使った曲芸のシーンが見事です。

オールド・ボーイ

Old Boy

監督：パク・チャヌク
出演：チェ・ミンシク、ユ・ジテ、カン・ヘジョン
製作年／国：2003年／韓国
DVD発売元：ショウゲート

ある雨の日、娘の誕生日だというのに泥酔して警察の世話になり、友人に来てもらって釈放されるオ・デス。平凡なサラリーマン。目が覚めると6畳間ほどの部屋に監禁されている。監獄ではない証拠に、テレビもあるしベッドもある。だが、窓は無く出られない。毎日、中華料理屋の餃子がドアの小窓から届く。誰がなんのために自分を閉じ込めたのか？

この後、自殺をはかり手当てされ、脱走しようと壁に穴をあけ、閉じ込めたものへの復讐を誓って身体を鍛えて15年。何故かまたある日、突然解放される。寿司屋で若い娘と出会い、毎日食べていた餃子を2人は探し始める。

と、この辺までで·まだ30分くらいか。しかも、大分はしょってます。この後もこんな調子で次から次へ、謎が謎を呼ぶエピソードのてんこもり。ミステリーなのだけれど、画面からかもし出される雰囲気はSFのようです。ただし、暴力満載でもあるので御注意を。かなり痛いです。私、3回くらいは顔を背けてしまいました。トンカチ大活躍。

役者も皆印象的でした。特にイ・ウジンという敵役のユ・ジテ。眉が下がり気味で口は小さく女性的。こういう優しい顔の悪役は冷血な感じがして怖い。

この映画の場合、単なる巻き込まれ型でも復讐モノでもなく、かつそのどちらでもあり、また犯人を探すという事が自分を探す事にもなっていて複雑です。麻の葉模様や幾何学模様の変な壁紙が使われていて混乱するし、登場人物が1人残らず何かに閉じ込められているようで息苦しいし、生きた蛸を手掴みで食べたりするしで観ている方も複雑。

タランティーノ大絶賛の韓国映画で、2004年のカンヌでグランプリを取りました。

みんな誰かの愛しい人

Comme Une Image

監督：アニエス・ジャウイ
出演：マルリー・ベリ、アニエス・ジャウイ、
ジャン＝ピエール・バクリ
製作年／国：2004 年／フランス
DVD 発売元：ショウゲート

タクシーに乗って、なんとなく運転手さんと険悪になった事はありませんか？人にもまれて行こうとしたところに行けなかった事は？　一番愛して欲しい人はいつも自分ではない誰かを愛しているのではないかと思っていて、でも決して口に出来なかった事は？

「みんな誰かの愛しい人」とはよく言ったもので、これ「誰にでも愛されない部分がある」と言い換えても過言ではないでしょう。登場人物のすべてが（台詞の無い子供を除く）、たいした事ではない、他人は気にしないだろうと自分を納得させながらも見逃せない小さな服の染みみたいなものを抱えていて、何処にいてもなんだか居心地が悪そうです。

たとえば、歌の勉強をしている20歳のロリータ。彼女の愛する父親は、自分とあまり年の変わらない美しい後妻の方を自分よりも愛していると思っている。彼女は太っている事を気にしている。有名な大作家である父親の名前を出すと、みんな自分より父親に興味を持つと思っている。後妻のカリーヌはなんとかロリータと仲良くしようとするが、ダイエットを怠らない彼女は、その存在自体がロリータを傷つけていると知ってはいるがどうしようもなく、2人は遠い。大作家の夫は大勢で食事をしている時にダイエットする妻をなじる。その場を取り仕切らないと気がすまない自己中心的性格なのだ。いつも誰かを怒っている。人に食いつく前に娘の歌くらい最後まで聴いてやれよ。

その他登場する人々全部がこんな調子。みんな微妙に噛み合っていない。その微妙さが見事です。無理なく噛み合っていない脚本には唸るばかり。考えさせられます。

でもなあ、人間健康なら悪い状況の時にだって笑う事はあるんじゃないの？

劇場主のひとりごと nº2

特撮とかアニメーションについて

現実にあり得ない映像、世界や宇宙やキャラクター達。これぞ映画でしか味わえない想像力と技術の結晶。古くは『ブレードランナー』『未来世紀ブラジル』ちょっと古くは『スター・ウォーズ』『ジュラシック・パーク』『ターミネーター』『エイリアン』『バットマン』まだまだあるぞ『マイノリティ・リポート』『マトリックス』『ロード・オブ・ザ・リング』『グエムル』『スパイダーマン』『パイレーツ・オブ・カリビアン』『グリーンディスティニー』『小林サッカー』『三丁目の夕日』——ああ、きりが無い。

先行ロードショーに1人で真夜中にタクシーを飛ばして観に行く事もしばしば。SF、特にタイムパラドックスものなどは七不思議のオンパレードなので、友達と観に行った方が終わった後の話が盛り上がるから、周りの人間達に声をかけ、巻き込んで大勢で観に行ったりもします。明け方、キアヌ・リーブスは何故つまらない現実の世界を選んだのだろう？ マトリックスなワイン飲んでいた方が幸福だったんじゃないのか？ と、まずいビールとか飲みながら激論するのは現実的な楽しみ。

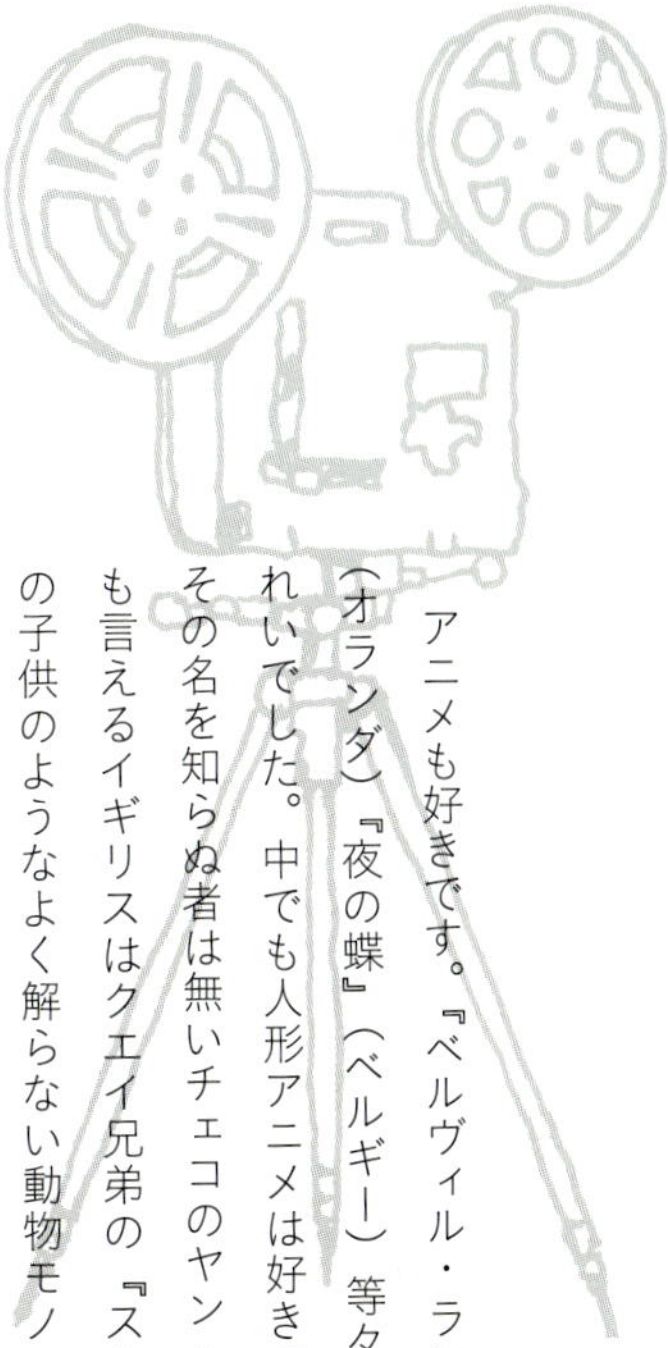

アニメも好きです。『ベルヴィル・ランデブー』(フランス)『岸辺のふたり』(オランダ)『夜の蝶』(ベルギー) 等々。『鉄コン筋クリート』(日本) もきれいでした。中でも人形アニメは好きです。『アリス』や『悦楽共犯者』でその名を知らぬ者は無いチェコのヤン・シュヴァンクマイエルやその弟子とも言えるイギリスはクエイ兄弟の『ストリート・オブ・クロコダイル』。熊の子供のようなよく解らない動物モノ『チェブラーシカ』(ソ連) これらの映画は本当に気が遠くなるような作業を経て映画館にかかります。作業の大変さと果てしない想像力をここまで要する必要が何処にあるのかはもはや本人達にも解っていないのでは?

しかし、成果はあります。その繊細な画面にうっとりするのは人の手と気持ちがたくさん込められているからです。

どうして、こんなに手間のかかる事を延々とやっていられるのだろう?謎だ。でも凄い。本当に凄い。

タッチ・オブ・スパイス

Politiki Kouzina

監督：タソス・ブルメティス
出演：ジョージ・コラフェイス、タソス・バンディス、
マルコス・オッセ、タマール・カラダリ
製作年／国：2003 年／ギリシャ
DVD 発売元：AMG エンタテインメント、フルメディア

素晴らしい映画でしたねえ。観終わった時、いろんな香料が心の中に漂っているようで、うっとりしました。と同時に、失われた時や人を思ってその残り香に泣きました。

2003年のアテネ、大学で宇宙物理学を教える50歳の男性ファニスのもとに、ヴァシリスお爺ちゃんがイスタンブールからやって来るという知らせが入る。7歳の時にトルコとギリシャの紛争で、離れ離れになったまま会う事の無かった懐かしい人。だが、食事の準備を整えお爺ちゃんの友人達を呼んだその日、お爺ちゃんが倒れたとの電話が。そう、やはり〝食事の前の電話はいつも平和を打ち砕く〟。

子供の頃、料理の天才と呼ばれたファニス、それはヴァシリスお爺ちゃんのスパイス店の屋根裏での教育によるところが大きい。彼は独特の哲学を持ち、宇宙をスパイスで説明した。「これは胡椒、胡椒はすべての料理にとって重要な位置にある、だから太陽。地球は塩。金星はシナモン。水星は……」

幼心の初恋、週末ごとに親戚達が集まるにぎやかな食事会、女達の台所、食卓に広がるスパイスの効いた料理の数々、船乗りの叔父さんの土産話。楽しかったコンスタンチノープルの日々がファニスの胸によみがえる。

こんな屋根裏を持つお爺ちゃん、欲しかったです。御伽噺みたいだけれど、とても切実に描かれているので、きっと本当にいた人なんじゃないだろうか。夕日のあたる理科室や図書館みたいな人。またこれは料理映画でもあります。イマムとか肉団子とかラクで乾杯とか、楽しそうなシーンを観ていると、だんだんお腹が減ってくる。

観た後は絶対、トルコ料理。

ベルヴィル・ランデブー

Les Triplettes De Belleville

監督：シルヴァン・ショメ
製作年／国：2002 年／フランス、カナダ、ベルギー
DVD 発売元：ブエナ ビスタ ホーム エンターテイメント

なんて手の込んだアニメでしょう。お婆ちゃんの足の長さが違うところから、スクリーンの中の映像が実写だったり電車が通るたびに吼える犬の見る夢まで。

なんて美しい映像でしょう。部屋の中から自転車の車輪からカーチェイスまで。実写では決して見る事の出来ない古びた街並みや色。目が楽しくて画面に釘づけ。いつまでも観ていたい気持ち。

太った犬を連れたお婆ちゃんの冒険モノです。小さな街のはじっこの線路脇の傾いた家から、海を越え嵐を越えて大都市ベルヴィル（太った自由の女神が立っている仮想都市）へ、そこで出会った三つ子の婆さん歌手達のカエル料理を食べながら、ツール・ド・フランスの最中に誘拐された孫息子を探す。

動いている人物と止まっている背景が交わっているというか、違和感がまるで無い。笑いはちょっとブラック、音楽は1920年代風で懐かしく、そしてみんな変な顔。背中の四角い黒服の男達もレストランの支配人も自転車を漕いでる人達も沿道の親父達も、かわいいはずの孫まで異様に鼻が大きくて爬虫類みたいな目でちょっと怖い。

孫が自分の家にやって来た頃は口もきかず塞いでいるのだが、三輪車を与えてからは大喜び。それからお婆ちゃんは孫のトレーナーを始める。来る日も来る日も。やがてその三輪車にはお婆ちゃんが乗り、孫はツールを目指す。

私はこのあたりの日常生活のシーンがとても好きでした。孫の身体を掃除機や台所用品でほぐしてやったり、車輪のスポークのずれを「音さ」で聴いて直したり。当たり前のように周りをうろうろする犬もかわいくないけど愛しい。もちろん、これがその後の冒険を引き立てるのですが。そしてラストシーンも。

猟人日記

Young Adam

監督：デヴィッド・マッケンジー
出演：ユアン・マクレガー、
ティルダ・スウィントン、ピーター・ミュラン
製作年／国：2003 年／イギリス
DVD 発売元：ギャガ・コミュニケーションズ

1950年代のグラスゴー、作家アレグザンダー・トロッキの傑作ノワール小説『ヤング・アダム』完全映画化。と言われても原作を読んでいないので、ピンと来ないのが正直なところです。画面が暗いし音楽がデヴィッド・バーンなので、イギリスだなあと思ったくらい。しかし、官能映画としての完成度は高く、映画の抱えている問題は万人に訴えるものなので、こういうのは後を引くのです。

小さな貨物船の住み込み船員のジョーは、ある朝、若い女の死体を引き上げる。おっ、実はこいつが犯人なのか⁈ でもって、これは連続殺人の始まりなのか⁈ と思ったら、ジョーはいきなり雇い主の妻と不倫を始める。船には子供もいるし仕事も家族ぐるみなので、セックスするのはなかなか大変。しかしこのジョーが曲者で、この後過去の回想が組み込まれてくるのですが、ちょっと鬼畜。直接女を殺す訳ではないのだが、人間扱いしていない。腹が立つというよりも、この人間はからっぽなんだなというのが解ってぞっとします。責任とか愛情とかいう言葉を持たない、自分勝手な欲望だけの冷え冷えとした存在。そんなジョーが、自分のせいで冤罪に問われて罪を背負うかもしれない人間をどうするのかが見ものです。

鬼畜なんだから、そんな事気にもしないだろうとお思いでしょう。違うんですね。何故なら、彼はもともと小説家志望という野心を持った男なのです。物事が解るつもりだし、女にも不自由していないし、多分船乗りになったのも「自分探し」なんでしょう。喉元に自分を突きつけられるなんて、こんな事が降りかかってくるなんて思いもしなかったに違いない。誰にも責められる事無くこれまではうまくやってきたし、今回も自分以外真実を知る者はいない。自分が神になる、その苦悩こそが彼の望みだったはず。

それが「書く」という事です。

チェブラーシカ
Chebypawka
ミトン
Varezhka

「チェブラーシカ」
監督：ロマン・カチャーノフ
製作年／国：1969年／ソ連
「ミトン」
監督：ロマン・カチャーノフ
製作年／国：1967年／ソ連
DVD発売元：ジェネオン エンタテインメント

チェブラーシカ。初めて君を写真で見た時は、ごめんね、あんまりかわいいとは思わなかったんだよ。ロシアの人形アニメかあ、ふうん、人形アニメ好きだから観ておこうかなあという高飛車な態度だった私を許して。もう観たら、めろめろでした。かわいくて。さすがにぬいぐるみは買わなかったけど、DVD買っちゃいました。ついでに絵本も。

何処から来たのか何者なのか、自分も周りも解らない生き物チェブラーシカが、ワニや人間と友達になったり、怪盗お婆さんに意地悪されたり、ピオネール（ソ連のボーイスカウトのようなもの）に入ろうとしたりするという、解りやすいお話ばかりですが、それぞれのキャラクターがきちんと立っていて好感が持てました。

動物園の動物が、毎日「動物」として仕事をしに通園して来るとか、寂しいモノ同士で家を建てよう！と張り紙してしまうところとか、ストレートでよろしい。バッグに飼いネズミを忍ばせた意地悪婆さんもなかなかおしゃれです（他3話入り）。

こちら『ミトン』も、もう何度観ても清らかで愛らしい。名作です。子供の頃に寂しい思いをした事のある人なら、じんわりしてしまう事請け合い。ロマン・カチャーノフという人は『チェブラーシカ』もそうですが、しんしんと寂しい気持ちを描くのが上手です。だから、とても優しい。

1人で母親の帰りを待つ窓辺で、犬の散歩をしている人達を見て、つい子犬を貰って来てしまった女の子は、母親に飼う事を拒否されてがっかり。自分の赤い手袋を子犬に見立てて遊びに行きます。いろいろな犬種参加のドッグレースであわや優勝となるはずが、手袋だから紐が付いていて、それが引っかかってアウト。しょんぼりして家に帰る。それだけのお話ですが、暖かい部屋に帰って、母親の目を盗んで手袋犬にミルクをあげている小さな手は涙無くしては観られません。他2本『ママ』『レター』も寂しくて美しい映画です。すべて、お母さんと子供の話。

ウィスキー

Whisky

監督：フアン・パブロ・レベージャ、パブロ・ストール
出演：アンドレス・パソス、ミレージャ・パスクアル、ホルヘ・ボラーニ
製作年／国：2004 年／ウルグアイ、アルゼンチン、ドイツ、スペイン
DVD 発売元：アミューズソフトエンタテインメント

〝南米のアキ・カウリスマキ!!〟と謳われては観ずにおれない。ウルグアイから来た映画にお会いするのはこれが初めてです。「ウィスキー」と言うからには酒場のあれこれかしらと思ったら、全然違う。日本では、ほら昔、家族写真等を撮る時、言ったでしょう「はい、チーズ！」。これが南米では「はい、ウィスキー！」。無理やりにっこり笑ってみせる時に使う言葉なのでした。

ウルグアイで、父親から受け継いだ小さな靴下工場を営む、無口な中年男性ハコボ。そこで働くやはり無口な中年女性マルタ。ある日、ハコボはマルタに言う。「弟がブラジルから母親の墓石の建立式にやって来る。彼が滞在する2、3日の間、妻の役をやってもらえないか？」

お礼をするからと言うハコボに「いりません。事情は解ってます。3日でいいんですね」と受けるマルタ。いったいどんな事情だったのか、私には最後まで解りませんでしたが、ともあれ擬似夫婦を始める2人と、ハコボとは違って最新式イタリア製の靴下製造機械を導入し、羽振りの良さそうな弟エルマンとの生活が始まる。

兄弟の事情もですが、最後にマルタがエルマンに渡した手紙の内容も、ハコボがマルタに渡したお金の行方も、その後のマルタの行方も説明されず、だいたい3人が何を考えていたのか思っていたのかもよく解らず、でもそれで観ている側がもんもんとするかと言えばそうでもなく、目の前で起こっているシーンの面白さだけを目撃していればいいのだなあと、その辺が確かにカウリスマキ的で、つい、うふふとね。にんまりしました。

こんなに面白い設定と微妙な人間関係を上手に料理しているのが、若干30歳（2005年3月現在）の男性2人だとは。やられました。

バッド・エデュケーション

La Mala Educación

監督：ペドロ・アルモドバル
出演：ガエル・ガルシア・ベルナル、フェレ・マルチネス
製作年／国：2004 年／スペイン
DVD 発売元：アミューズソフトエンタテインメント

アルモドバルの映画に失望した事はこれまでありません。愛と官能に興味の無い人には向かないとは思いますが。しかし今回は、監督自身の少年時代をネタにしているという。どうかなあ、叙情に流されてはいないのか？ と思ったら、失礼しました。申し訳ない。物凄いグラマラスな恋愛モノで、しかも人生のミステリー。

映画監督である主人公エンリケの前に、ある日突然現れた幼なじみのイグナシオは「ひさしぶり。ぼくは今売れない役者をやっているんだけど、脚本を書いたので読んでくれないか?」と言う。

「ぼくらの話だ」

そしてこうも。

「名前を変えたんだ。これからはアンヘルと呼んでくれ」

読んでみたら面白いから映画にしようと考えるエンリケだが、アンヘル(イグナシオ)は「ぼくを主役のサハラ(イグナシオ)役に使ってくれ」。おいおい、それはちょっと無理だろ。だいたい君は本当にイグナシオなのかい? なんだか疑わしいんだよね。面影無いし。でもオーディションに応じるならいいよ。ぼくのベッドで。


ゲイ、ホモ、オカマ、と聞いて大抵の男達は笑う。大抵の女達は笑わない。何故だろう? 愛情を感じる対象は、異性で若くて人間。でなければ、なんだかおかしいらしいというのは不思議。

意外であれ相応であれ、数ある中からその対象をパートナーに選んだのは何故なんだろうか、という事には常に興味を惹かれますが、いきなり笑うのは解せません。怖いのかな? 本当に怖いと、人間笑いますからね。


ともあれ、この映画は殺人事件の事実を探る物語であり、性的虐待の果ての悲劇であり、映画を描く映画であり、もちろん恋愛モノであり、すべてにおいて肉体のバトルです。

コーヒー＆シガレッツ

Coffee And Cigarettes

監督：ジム・ジャームッシュ
出演：ジョー・リガーノ、ルネ・フレンチ、ケイト・ブランシェット
製作年／国：2003年／アメリカ
DVD発売元：アスミック

いやー、面白かった。10分くらいの短編が11本。ただ人が座って会話するだけなのだけれど、ジャームッシュってセンスいいなあ。かっこいい。

01 ロベルト・ベニーニとスティーヴン・ライトの見知らぬ変な2人の出会い。

02 双子の鳥アニメのキャラクターにそっくりな双子と、スティーヴ・ブシェミ。

03 この2ショットだけでも絵は秀逸。トム・ウェイツとイギー・ポップ!! の待ち合わせ。情けない犬みたいでかわいいイギーと、どう見てもサルにしか見えないトム。煙草を止めた2人が前の客が忘れていった煙草を見て、「ちょっと吸ってみようか」「いいよな、俺達止めたんだから」「そうだよな。止めたんだから堂々と吸えるよな」。

04　吸おうとして吸えない煙草。爺さん2人と口をきかない孫息子のやりとり。

05　謎に満ちた女ルネと気の利かないウェイター。「コーヒーのおかわりを」「今、温度も味も丁度良くなったところだったのに」「すみません……（つい美人だったんで）」

06　「俺を呼び出したのは、何か問題があるんだろう?」「いや。会いたくなっただけだよ」「そんなはずは無い。話せよ」「そんなに言うなら問題を作ろうか?」

07　上品な女優とパンクな従姉妹。

08　〝ジャック、メグにテスラコイルを見せる〟。このテスラコイルが……。

09　有名な役者とさほどではない役者がいとこ同士だった。だから……?

10　GZA+RZA+ビル・マーレイ。コーヒーを継ぎ足しに来たウェイターに2人が「おい! ビル・マーレイだろ? バイトか?」「内緒にしてくれよ」。

11　爺さん2人が工場の半地下でお昼休み。死んでるのか?

下手をするとおしゃれになり過ぎたり、脚本も作り過ぎたりしそうなプロジェクトなのだけれど、いい具合に気合が抜けていて、適度にアドリブくさくて、本物が偽物みたいででも本物なのがおかしい。

PTU

PTU

監督：ジョニー・トー
出演：サイモン・ヤム、ラム・シュー、ルビー・ウォン
製作年／国：2003年／香港（中国）
DVD発売元：キングレコード、パンドラ

夜の香港。如何にもヤクザなチンピラが4人、中華レストランに入って来る。天井から水が垂れるから席を替われと、若い男の席を横取り。そこにダメそうな刑事が入って来て、今度は刑事がチンピラ達を追い払い席を占める。4人は再び若者を奥に追いやる。そこに携帯が鳴ってチンピラのうちの3人は外に出て、刑事の携帯も鳴って表に出る。汚れ達の夜は忙しいのねとか思っていると、いきなり事態は急変。ヤクザ

のリーダーが刺され、刑事は自分の車に傷を付けたチンピラの後を追って拳銃を紛失、見回りをしていたPTU（香港の機動隊）達のチームに遭遇する。朝の4時までという約束で拳銃捜索の協力を求めるが、そこに犯罪捜査課CIDが登場。かくしてヤクザの抗争に、ダメ刑事、PTU、CIDが絡んでの長い夜が始まる。

このオープニングを観ていて、これは『ザ・ミッション——非情の掟』の監督では?! と思ったらやはりそうでした。ジョニー・トー!! サム・ペキンパーみたいなアクションシーンのスローモーション、歌舞伎のような見得を切り、間抜けなエピソードも忘れない。くーっ!! いいなあ!! こういうのをエンターテインメントって言うんですよね。

時間を区切って話を作る、作家なら必ずやってみるテーマです。夜の間に誰を何処まで動かす事が出来るのか。何処に全員を集めて落とし込むのか。何事も無かったかのような朝を迎えるための死闘。

きりっと88分。無駄無くまとめて見事でした。ハゲの親分は怖いし、チンピラはチンピラだし、CIDはいけ好かないし、PTUはかっこいいし、ダメ刑事はダメさを存分に発揮してるし、みんなきちんとキャラクターを全うしてます。

ジョニー・トー監督、これからも要チェック。

輝ける青春

La Meglio Gioventù

監督：マルコ・トゥリオ・ジョルダーナ
出演：ルイジ・ロ・カーショ、アレッシオ・ボーニ、アドリアーナ・アスティ
製作年／国：2003年／イタリア
DVD発売元：ジェネオン エンタテインメント

久々の大河ドラマ。映画の王道。6時間ですよ。6時間!! 観終わった時の達成感といったら。学生の頃、デヴィッド・リーン監督の4時間映画をオールナイト2本立てで観たとか、1日で5本映画の梯子をしたとか、熱意無くしては観られなかった映画達が走馬灯のように浮かんでは消えました。

これはイタリアのカラーティ家、主にニコラとマッテオ、2人の兄弟の物語ですが、50年間、半世紀に亘って繰り広げられます。

発端はジョルジアという精神病院に閉じ込められた少女。2人で家族に返してやろうというマッテオの純粋な正義感から始まるのですが、もちろん挫折。その後、ニコラは北欧を旅して革命家達と親密になるも精神科医への道を歩み、マッテオは美術を志していたにもかかわらず陸軍に入隊。2人の道は大きく分かれてゆきます。マッテオはその後警察官となり、穏やかに暮らしていたはずのニコラの妻は一人娘のサラを出産後「赤い旅団」に殺し屋として参加し家を出る。その頃ニコラの友達のカルロ、かつてはマッテオとも一緒に遊んだ仲間はイタリア銀行の幹部になり「赤い旅団」に命を狙われる。兄の妻と兄の友達の命の選択を迫られたマッテオは？

ローマに始まり、ミラノ、トリノ、フィレンツェ、パレルモ、ストロンボリ島等々、6時間で出来るイタリア旅行という風情。ノルウェーというおまけまで付いてくる。そう考えれば、とてもお手軽でお得です。

2時間以上の映画になると、長過ぎる、30分削った方がシマって良かったろうにと思う事が多々ありますが、この作品に関してはよく6時間に収めたなと思いました。脚本も映像も骨太で無駄が無く、観ごたえがあります。たまにはスポーツするように映画を観るのも一興かと。観終わった後のビールがうまいです。

ラヴェンダーの咲く庭で

Ladies In Lavender

監督：チャールズ・ダンス
出演：ジュディ・デンチ、マギー・スミス、ダニエル・ブリュール
製作年／国：2004 年／イギリス
DVD 発売元：角川映画

イギリスの片田舎、海岸に近い一軒家に2人の老女が住んでいる。2人は姉妹で、かつてはいろいろあった人生も今は遠く、庭木の世話やお茶の時間を静かに楽しんで日々を暮らしています。しかしある嵐の翌日、浜辺に横たわる青年を見つけてから生活は一変、彼女達は言葉も通じない青年に夢中。いきなり心を少女時代に戻され、喜び浮かれ混乱します。

老姉妹を演じるジュディ・デンチとマギー・スミスがもう本当に素晴らしい。青年役は『グッバイ、レーニン!』のダニエル・ブリュールで、呑気で恐れを知らない、ヴァイオリンの才能以外は見事に凡庸な若者を演じきっています。

彼が彼女達の家に助けられて来た時のシーンが象徴的で、小鳥が1羽家に入って来ます。家政婦はうるさいと追い払いますが、姉妹は愛しそうに小鳥を見つめているのです。この辺が如何にもイギリス映画。つまり、これは家に迷い込んだ小鳥を看病して、空に放してやる話なんですね。一度は結婚して夫と死別した姉はともかく、デンチ演ずる妹のアーシュラにとってはこれが初恋も同然。小鳥ならこんなにも心乱される事も無かったろうに。

残酷な話です。元気になった小鳥は美しい声で鳴くでしょう。「ありがとう、お婆さん達。ぼくはこんなに元気になりました。おかげでこの若くて美しい女性と結婚出来ます」お婆さんが少女のように自分に恋をしているなんて若者は考えもしません。もし自分が若い頃にこの青年に会っていたら、自分の人生は違っただろうと考えているなんて。「だって、お婆さんでしょ?」

人生は不平等だわと泣くアーシュラの気持ちがいとおしく、妹の肩を抱きながら海岸の家に帰ってゆく2人の静かな背中は人として美しいと思いました。

ヴェラ・ドレイク

Vera Drake

どこにでもいそうな家政婦のおばちゃん。
しかし家政婦はやっていたのだった。

監督：マイク・リー
出演：イメルダ・スタウントン、フィル・デイヴィス、ダニエル・メイズ
製作年／国：2004 年／イギリス、フランス、ニュージーランド
DVD 発売元：アミューズソフトエンタテインメント

1950年代のロンドン、裕福な家の家政婦を勤めながら、近隣の老人達の家を回ってあれこれと面倒を見る働き者の主婦ヴェラ・ドレイク。物静かな夫、青春を謳歌する息子、人見知りは激しいが気持ちの優しい娘。心安らぐお茶の時間、暖かい夕食。なんの問題も無さそうな家族だが、彼女には家族に秘密でやっている事があった。無償で望まない妊娠をした女性達を助けてやっているのだ。つまり、堕胎の手助けを。

医師の免許を持たない彼女のやり方は極めて原始的なものだが、子供を持つ訳にはいかない、特に貧しい女性達に彼女はなくてはならない存在なのだった。たとえ、それが法に背く事だと知っていても。だがクリスマスの夜、ヴェラの処置を受けて容態が悪くなった金持ちの娘の親から訴えられて、ヴェラは家族の前で警察に連行される。訳が解らず途方に暮れる家族達。果たしてヴェラに下される判決は？

この映画のうまいところは、原因の一因である男性達をあえて責めず、根本的な問題を蔑《ないがし》ろにしている社会を責めず、客観的に起こった事をそのまま描こうとしているところです。ヴェラのやっていた事をいいとか悪いとかいうのではなく、周りの人間達が事件を、彼女をどう扱うのか、最も親しい人間を責め蔑《さげす》む世間に家族がどう対応するのかを描いているところです。

主演のイメルダ・スタウントンの演技は見事で、実際にいる人みたいでした。軽快に日々の仕事をこなし傷ついた娘達に優しい言葉をかけ、家族と笑い、警察に行ってからは小動物のような目を潤ませ、聞き取れないほどの小さな声で「娘さん達を助けました」という彼女はヴェラ・ドレイクそのものでした。

皇帝ペンギン

La Marche De L'empereur

監督：リュック・ジャケ
製作年／国：2005年／フランス
DVD発売元：スタイルジャム、アーティストフィルム

動物好き、ノンフィクション好きなら飛びついてしまう題材、それがペンギン。

夏の間は海の中を弾丸のように泳ぎ回り、魚を捕えるハンター。秋を越え冬になる頃、南極に戻り、卵を産んで子を育て、子供が泳げるようになる夏にまた海に出てゆく。それが皇帝ペンギン。極寒の世界の果てで子育てする唯一の生き物。

マイナス40度、時速250kmのブリザードの中でどうして卵をあったためなきゃいけないのか、どうして4ヶ月間も食べないでいられるのか、自分の子供や夫をどうして見分けられるのか、ペンギンには謎が多過ぎる。つがい1組に抱えられる卵は1個だけなので、途中で壊してしまったり雛が死んでしまったりすると、彼らは次の冬まで待たなければなりません。そんな時もペンギン達の動きはのんびりしています。卵を妻から夫に移動させている時に、うっかりひびが入ってしまう。

なにもこんなキビシイところで子育てしなくても。なにもこんなに!!

たちまち卵は凍り始め、ひび割れは広がってしまいます。あ、やっちゃった……。じいっと失われた命を見つめている様は、泣き叫ぶよりもいろいろな事をこちらに想像させる力があり、もこもこの腹に無事収められた命をより尊いものに思わせます。

監督は動物行動学の修士号を取得した年に「怖いもの知らずで、15ヶ月間世界の果てに旅をする覚悟のある生物学者を求む」というドキュメンタリー作品のスタッフ募集の告知に応募、以後、ペンギン、狐、ツバメ、トカゲ、アザラシ、マッコウクジラ等の動物ドキュメンタリー映画を製作し続けるツワモノ。ついに8800時間の撮影時間をかけて、この『皇帝ペンギン』を作りました。

ペンギンの卵になって、お父さんの足の上で暖められてみたい気持ちになる、とても寒くて暖かい映画でした。

パイレーツ・オブ・カリビアン
——呪われた海賊たち
デッドマンズ・チェスト
ワールド・エンド

Pirates Of The Caribbean:
The Curse Of The Black Pearl
Dead Man's Chest
At World's End

監督：ゴア・ヴァービンスキー
出演：ジョニー・デップ、オーランド・ブルーム、キーラ・ナイトレイ
製作年／国：2003年、2006年、2007年／アメリカ
DVD発売元：ブエナ ビスタ ホーム エンターテイメント、
ウォルト・ディズニー・スタジオ・ホーム・エンターテイメント

とにかくジョニー・デップが、いやジャック・スパロウ船長がかっこいいったら!!

これぞ一匹狼！ これぞチャーミングな男！ この人が出演していなければ、この映画の評価はかなり変わるでしょう。いや、あくまで私の中の評価ですが。

そもそも、本来の「カリブの海賊」伝説にこういうキャラクターが登場していたのだろうか？ 何処から見てもジョニー・デップでしかないんですけど。主人公は鍛冶屋のウィルのはずなんだと思うのですが、すでに脇役。時代もあるかもしれません。いい加減で自分勝手でだらしなく、動きはオカマのよう。でも、悪気も無く凶悪でもない。そういうふうに自己完結、自己実現している男が良く見えるというのは今風なのかもしれません。女のために、家族のために、世界のために頑張る事にあまり価値を見出せず、それよりもパートナーであるブラック・パール号を取り戻す事にのみ意欲を見せる子供のような男。

そういえば子供の頃、憧れました。欲しかった。キャシャーンの部下であるロボット犬のフレンダー、バビル二世の指南役、黒ヒョウのロデム。ヒーローのお世話役である上に、主人公を守り無駄口をたたかず、よく働く頼もしい部下達。ブラック・パール号もそういう存在に似ています。船なだけに自分の意思で動く事は出来ませんけど。『スター・ウォーズ』のハン・ソロ船長やR2-D2もいいですねえ。所詮主人公は幼くてそれが成長するのには、賢い教師と決して裏切らない友達が必要な訳です。お姫様ではなく。

憧れませんね、姫には。だって、ひらひらした衣装は邪魔そうだし、きゃーきゃーうるさいし、何より役に立たないんだもの、あの人達ったら。でも、キーラ・ナイトレイは宝塚の男役みたいでかっこよかった。きれいだなあ、とほれぼれしました。

そして、もちろんキース・リチャーズが一番本物の海賊でした。

スパイダーマン
スパイダーマン・2・3

Spider-Man / Spider-Man 2 / Spider-Man 3

監督：サム・ライミ
出演：トビー・マグワイア、キルスティン・ダンスト、ジェームズ・フランコ
製作年／国：2002 年、2004 年、2007 年／アメリカ
DVD 発売元：ソニー・ピクチャーズ エンタテインメント

それなりに面白かったです。ただし大画面で観ないと意味が無い気持ちがしますが。「3」まで全部観ましたが、一番良かったのは「2」です。何故なら敵が強いから。ほら、あの背中から機械の腕が4本生えてるあのメカ蛸の人です。

ヒーローものの面白さは敵の強さにあります。「バットマン」でも、やはり「1」に出てくるジャック・ニコルソン、あの人が素晴らしかった。金にあかせて正義を振りまくバットマンはそれなりに面白いんですけど、やはり敵の人生に説得力が無いとね。

しかし、お顔のタイプがアメリカっぽい事よ。トビー・マグワイア（『シービスケット』）、キルスティン・ダンスト（『マリー・アントワネット』）等。ちょっとぽってりした造りときれいな歯並び。そして脇役とかお友達にはジェームズ・フランコ等の骸骨顔。どうも美意識的には惹かれません。

お話自体はハリウッドなので、始まって5分で解ってしまうし、ヒーローは死なないので安心なのは良しとしましょう。それを遊園地のアトラクションのように見せてくれるのがいいところだという事で。

あのスピード感とありえないものを見せてくれるのが特撮好きとしてはこたえられません。ビルの合間をひゅんひゅん飛んでゆくのが爽快で、ちょっとスパイダーマンになってみたいと思わせてくれました。とても楽しい。糸を指から吐くのもね。

「1」は成り立ちなのでいいとしても、「3」はどうかなあ、敵がサンドマンじゃなあ。絵的にあまり面白くないです。もっとグロテスクで強くて特撮満載のキャラで「4」はお願いします。

カンフーハッスル

Kung Fu Hustle

監督：チャウ・シンチー
出演：チャウ・シンチー、ユン・チウ、ユン・ワー
製作年／国：2004 年／香港（中国）、アメリカ
DVD 発売元：ソニー・ピクチャーズ エンタテインメント

監督はおそらく『燃えよドラゴン』が大好きで、ブルース・リーの熱狂的なファンなんでしょう。だって、チャウ・シンチーは監督・製作・脚本・主演。きっとこの人が最後に悪人を退治してくれるんだろうな。一撃で！

しかし、そこまでが長い長い。いつになったらこの情けない男がヒーローになるんだ？　と、考えている傍から次から次へと強い奴が出てきて、しかもそれが皆意外な人物ばかり。カンフーの達人でない中国人はいないのではないかと怖くなりました。途中で、いったいこの話は誰が主人公で何処へ行くのか解らなくなります。

でもいい。〝豚小屋砦〟と呼ばれるこのぼろぼろの集合住宅は、建築的にもチームとしても面白いし、群像劇なのだと気がつけば楽しめます。だから、ストーリーについてはあえて書く必要は無いかと思われる。

そこはポイントじゃないから。

前作『小林サッカー』がめちゃめちゃ面白くて、でもそれはサッカーをカンフーでいてこましたれという無謀さが良かったんです。正面からカンフーと四つに組んだ今回の場合は、きっと監督的には言い訳出来ないはず。どうなるんだろうかという不安を抱きつつ観に行ったのですが、やっぱり人間は好きなものを作れば良さが出るものですね。マカロニ・ウエスタンとカンフーを見事に混ぜて笑かしてくれました。

ここに出てくる暑苦しい大家のおばちゃん、ダイナマイトなキャラですが、かっこよかったですねえ。くわえタバコで旦那にキスするシーンも（CGか？）驚きました。

そして、いまだヒーロー登場せず……。

岸辺のふたり

Father And Daughter

監督：マイケル・デュドク・ドゥ・ヴィッド
製作年／国：2000 年／イギリス、オランダ、ベルギー

モノクロで線画で台詞も無い、とてもシンプルで清楚なアニメです。でも、心に残る。

自転車に乗った父親らしき人物が、後ろに娘らしき女の子を乗せて岸辺にやって来ます。彼は自転車を止めると女の子を降ろし、1人でボートに乗り、どんどん遠くに行ってしまい、やがてその姿は見えなくなります。女の子はいつまでもじっと岸辺で待ち続けますが、男は戻って来ません。それから彼女は毎日のように岸辺に通うようになります。少女になり母親になり、時には雨、ある時からは恋人や子供を連れて。何度も何度も繰り返し自転車で岸辺に向かう。彼女はまるで風景の一部のように岸辺に立ちます。

男に何があったのか、どうして女の子と自転車を置いて、彼女の目の前で水に入って行ってしまったのかは解りません。解らないままです。


そういう風景に遭遇した事の無い人はいないのではないか、もし覚えの無い人がいるならそれは忘れた事にしているだけなのではないかと思わせる、アニメだからこそそれぞれの失ったものを彷彿とさせる切ない、でも何度も観たくなる映画です。

失われた事を理解しつつ、それでもなおもう一度会いたいと思う人が、誰にでもいるのではないでしょうか？　その人に対する感情は、時間が経つに連れて変わってゆくのではないでしょうか？　悲しかったり怒ったり、謝罪したり納得したり、また寂しかったりと。

監督はマイケル・デュドク・ドゥ・ヴィット、オランダの方。一緒に観た『お坊さんと魚』『掃除屋トム』も面白かった。子供や動物の動きを思い出して、ふふと笑ったりします。

ボブ・ディランの頭のなか

Masked And Anonymous

監督：ラリー・チャールズ
出演：ボブ・ディラン、ジェフ・ブリッジス、ペネロペ・クルス
製作年／国：2003 年／アメリカ
DVD 発売元：松竹

アメリカみたいで南米みたいでメキシコみたいでキューバみたいな、でも何処だか解らない独裁的な大統領の統治する国のお話。

金に困ったエージェントでかつてのマネージャーだった男の主催するチャリティコンサートに出演するために刑務所からの釈放を許された、かつての大物スター、ジャック・フェイト。しかし、コンサートはローマ法王だのガンジーだののそっくりさんを寄せ集めた、限りなく怪しい見世物小屋。政治的にもこの国は荒れていて、いつ革命が起きても暴動が起きても不思議ではない状況。果たして、コンサートは無事に開催出来るのか？

ボブ・ディラン、じゃなくてジャック・フェイト、かっこいいなあ。自分の頭よりも大きい真新しいカウボーイハットや、物凄い刺繍の施された不自然なスーツをこんなに自然に着こなせる人、他に知らない。バスやタクシーに乗り込む時も帽子を身体の一部のように気にせずさらりとこなすところや、皆が薄汚れた格好をしている市場に1人染みひとつ無いまっさらなスーツで悠然と行く姿は、なんだか水の上を歩くキリストみたい。

ボブ・ディランって詩人だったんだと改めて確認しました。歌詞が直接頭に入って来ればもっと感動出来るのに、英語力の無さが口惜しかったです。台詞のひとつひとつが聞き逃せなくて気が抜けません。

ボブ・ディランの歌を抜きにしてこの映画は語れませんが、お話もきちんと出来ていて低予算映画のお手本みたいでした。とはいえキャストは豪華で、ジェシカ・ラング、ペネロペ・クルス、ジェフ・ブリッジス、ヴァル・キルマー、クリスチャン・スレイター、まったく全然気がつきませんでしたがミッキー・ロークも出ています。

Dear フランキー

Dear Frankie

監督：ショーナ・オーバック
出演：ジェラルド・バトラー、
エミリー・モーティマー、ジャック・マケルホーン
製作年／国：2004年／イギリス
DVD発売元：ハピネット・ピクチャーズ

聴覚に障害を持つ9歳のフランキーは、母親リジーと祖母と3人で暮らしている。リジーは夫、つまりフランキーの父親から逃げるために引越しを繰り返しているのだが、フランキーはその事を知らない。リジーが私書箱を使い、父親のふりをして手紙のやりとりをしているからだ。フランキーは、父親は世界中を回る船「ACCRA号」に乗っているので自分に会えないのだと信じている。その代わりに世界中の切手を送って

くれるのだと。船、鳥、魚等々の美しい切手を。しかし、クラスメイトのリッキーが新聞の切り抜きを手にこの均衡を脅かす。「ACCRA号がこの街に寄港するってさ。自慢のパパが君に会いに来るかどうか賭けをしようぜ。会いに来る？じゃあ、来なかった時は君の切手のコレクションを貰うよ」その頃、本当の父親は病院で死にかけているのだが。

御伽噺は苦しい人達に必要なものなのかもしれません。母親と、障害のために口をきかない息子が会話をするのに手紙はとても都合が良かった。学校であった事や新しい友達の事、顔も覚えていないお父さんになら、手紙ならいろいろ言える。母親は祖母に「本当の事を言わなければいけない」と正論を説かれても「私自身がフランキーの手紙を楽しみにしているのよ」。せっせと切手屋に足を運んで美しい切手を探す。フランキーが友達と賭けをしている事を手紙で知ると、慣れないバーに足を運び金で雇える父親を探す。

嘘と言ってしまうにはあまりに切ない、でも嘘は嘘、無理は無理。つき続けるにはより多くの嘘が必要になってきて、いつかは崩壊する事になります。たまたま友人の紹介でやって来た父親役がいい人だったから良かったようなものの、一歩間違えば恐ろしい事になってしまいます。

辛い目に遭ってきた人には幸せになってもらいたいと思いつつ、弱さが災難を引き込む事も考えて生きてもらいたいものです。

せかいのおわり

World's End / Girl Friend

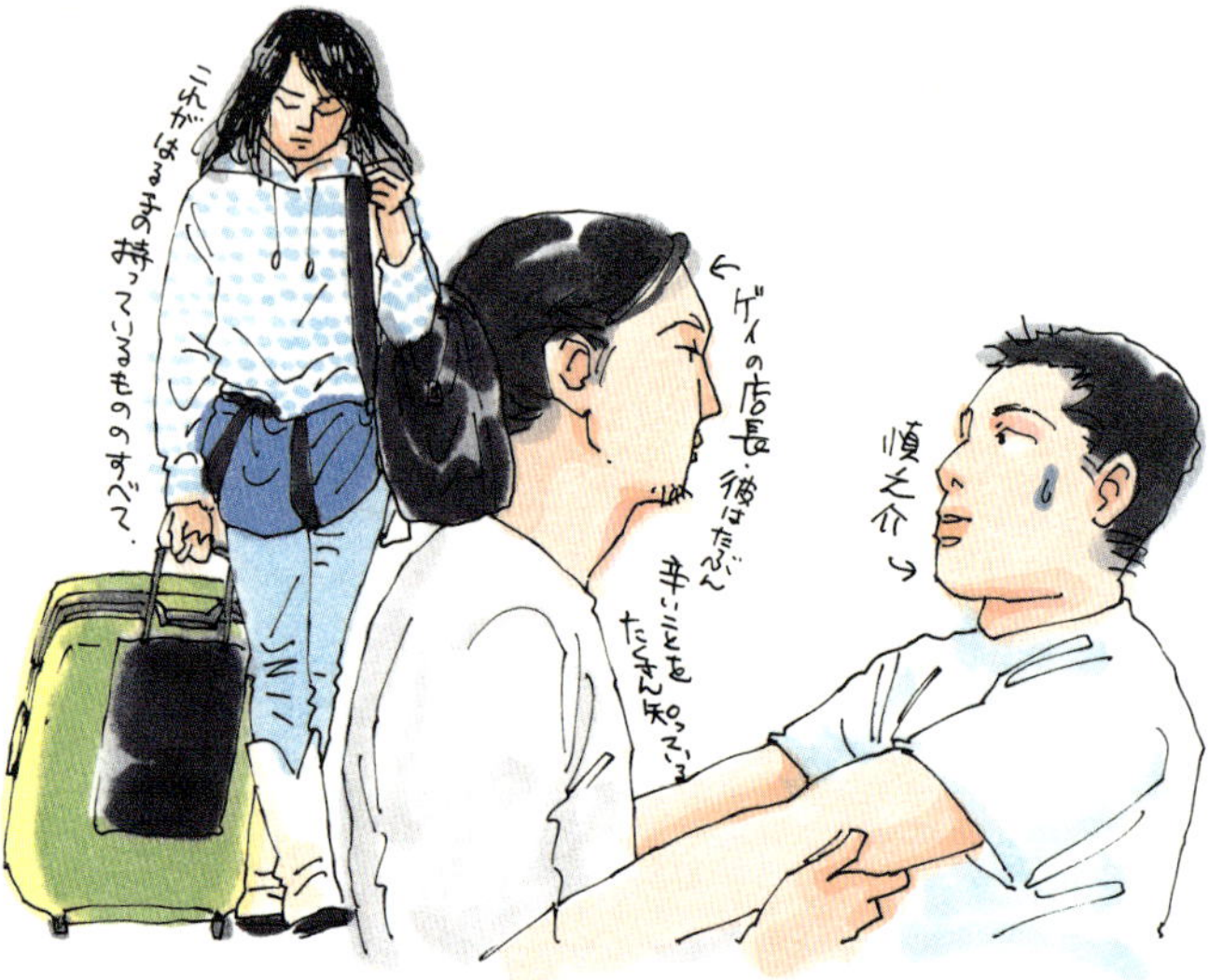

監督：風間志織
出演：中村麻美、渋川清彦、長塚圭史
製作年／国：2004年／日本
DVD発売元：ポニーキャニオン

きれいでかわいらしい、良く出来た少女漫画みたいな映画でした。

主人公は3人、主にはる子を中心に世界は廻る。あとの2人は盆栽屋の店長とそこに居候するナンパ野郎の慎之介。美容院で働くはる子は付き合っていた彼に家を追い出され、トランクに荷物を詰めてずるずると引きずりながら、友達の慎之介を頼って店長の家に転がり込む。3人の生活はそれなりに楽しくバランスがとれていたのだが、はる子にいきなり新しい恋人が出来て三角形は壊れる。「じゃ」

と出て行くはる子をもの欲しげに見送る慎之介。２人を黙って受け入れ黙って見送る店長。しかし、彼女はまたも泣きながらトランクを引きずる事になる。

盆栽屋というのがいい。盆栽はぼんやりと自然なようでいて、実はかなり人工的。細い鉄線で枝をぎりぎりと締め上げてお好みの形に仕上げ、山の苔を剥がして小さな鉢に植えるというマニアックなもの。かたや慎之介の趣味は熱帯魚。こちらもまた人工的。植物に囲まれた熱帯魚の水槽は幻想的で絵として素晴らしい。そこに絵を持たない剥き身の女の子が猫のように入り込む。これはある種の女の子の夢なのではないかと思います。それは自分に危険の無い、良い趣味を持つ男達と気ままに生活する事。

それだけだと映画も嘘の盆栽みたいですが、この監督、時々びしっと楔を打ち込むようなエピソードを組み込んでいて、これがとても効いています。たとえば、はる子が恋人の家でうっとりしていると、玄関のチャイムが鳴る。出てみると見知らぬ女性が立っている。誰？　とか思っているうちに恋人が出てきてはる子の隣に並んで立つ。女性は言う「ただいま」。恋人だったはずの男は言う「おかえり」。うまい!!

慎之介がナンパしてきた、ちょい役なのに暴行を働く女の子のエピソードも良かったです。

ターネーション

Tarnation

ジョナサン・カウエット →
これは人生にたった一度しか
撮ることのできない映画。
そしてこれを撮った人は他にいない。

監督：ジョナサン・カウエット
出演：ジョナサン・カウエット、
マイケル・コックス、レニー・ルブラン
製作年／国：2004 年／アメリカ
DVD 発売元：角川映画

強烈でした。凄まじい自我の戦い。母親への愛と執着。二度とこのような映画にはお目にかかれないでしょう。何故なら、これは監督自身が11歳の頃から撮り貯めた、膨大な自分の写真とビデオで、さらに本人自らが編集したものだからです。

1973年、ジョナサン・カウエットはモデルの仕事をしていた美しい母レニーの一人息子としてテキサス州ヒューーストンに生まれる。だが、生まれた時すでに夫婦は離婚、レニーは統合失調症で病院と祖母の家を出たり入ったりしていた。ジョナサンは里親に引き取られ、虐待されながら育つ。その後は祖母や恋人と暮らしながら舞台俳優等をやっている。この映画はそもそも役者として売り込むために作ったプロモーションビデオがもとになっていて、それがかのガス・ヴァン・サントらの日に留まったのだという。

ひたすら自分を撮り続けるジョナサンは離人症の傾向があるらしい。確かに、自分の事が大好きなだけのナルシストとは違う悲惨さが全編に漂っています。自分を客観的に見る事で現実を逃避する、しなければならない理由がこの映画を観ると解ります。

母レニーの血を引いたのか、ジョナサンは子供の頃からきれいな顔をしていて、女優のふりをしてカメラに向かって演技をする様等は素人離れしています。とても上手。そして痛々しい。

時として作品はそれを作る事によって、作り手を癒したり助けたりする事があります。描く事で自分を客観的に見たり、見ないでおこうとしていた問題を深く掘り下げなければならなくなるからです。そして、そこから目を背けなかった作品は、必ず人の気持ちを揺らすのではないかと考えます。

劇場主のひとりごと nº3

カウリスマキ、あるいはカウリスマキ的映画

アキ・カウリスマキ、その作品の風合いは独特です。淡々とじんわりと味のある作品達。まずは『レニングラード・カウボーイズ・ゴー・アメリカ』『浮き雲』『過去のない男』あたりがお薦めかな。あ、『マッチ工場の少女』もいいです。カメラを固定して、その中を人が出たり入ったりする。主人公はあくまでも大勢の人間の中の1人にすぎず、顔よりは人の動きで物語を表現してゆきます。でも、いきなりのアップ。お話はいつも何処に向かっているのか解らない。わくわくします。

カウリスマキ的と言われると面白くないと思う監督達もいると思いますが、私の中にはそういうジャンルがあります。こういうタイプの映画を初めて観たのがカウリスマキだったので許していただきたいです。『ウィスキー』（ウルグアイ）『ダック・シーズン』（メキシコ）『卵の番人』（ノルウェー）。『みつばちのささやき』『エル・スール』（スペイン）の天才ヴィクトール・エリセ、北野武監督などもこの中に入ります。イオセリアーニもここ。最近では『迷子の警察音楽隊』（イスラエル）がそうでした。

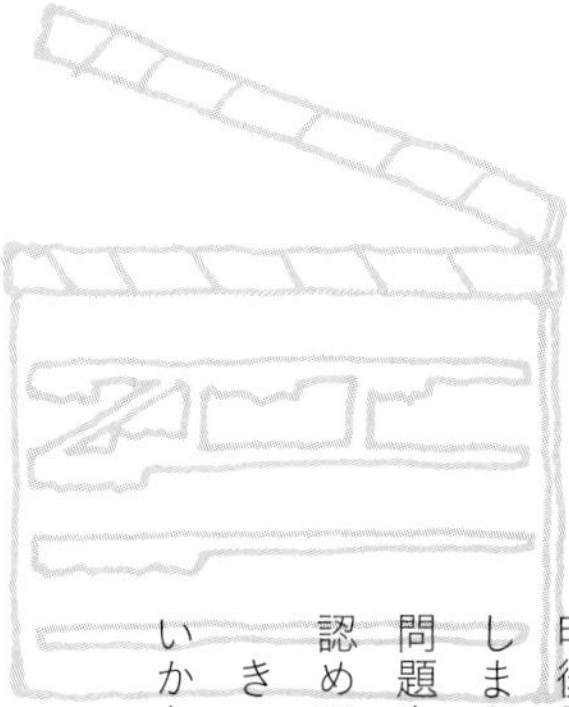

ほとんどすべての映画には監督の生死感が込められています。また、そうでなくては面白くないとも思います。ぎりぎりのところまで自分を追い込んで作ってもらわないと、あるいは奇抜な発想、意外な落としどころが無いと観ている者は退屈してしまうのです。観客達は呑気で、しかも贅沢。

犯人は誰なのか？　白か黒か？　しかし、私が興味を持つ考え方は「解らない事を持ち続ける体力」というものです。明日解るかもしれないし、明後日解るかもしれない、10年後には解るかも。答えを急いで決めつけてしまうと、それはもうその事を考えなくていいという安易で楽だけれど、問題を投げ捨てる事になってしまうのではないか？　解らないという事を認めて、考え続ける事に意味があるのではないか？

きっと、カウリスマキ監督もそう思いながら映画を撮っているのではないかと思うのです。

ハックル

Hukkle

監督：パールフィ・ジョルジ
出演：バンディ・フェレンツ、ラーツ・ヨージェフネー、ファルカシュ・ヨーゼフ
製作年／国：2002年／ハンガリー
DVD販売元：ダゲレオ出版

朝。ハンガリーの田舎の村の、のどかで美しい朝。お爺さんはいつから止まらないのか、ハックル（しゃっくり）を続けている。ひっくひっくと。隣で聞いていると、微妙に不規則で結構いらいらしてくるものです。うまくしゃべれないしね。でも、貧乏揺すりと違って文句は言えません。本人にも止められないものだと知っているから。

犬、猫、亀、羊、鶏、コウノトリ、モグラ、蛙、魚……、とにかくもういろんな生き物のてんこもりで、物凄く楽しい。しかも、実際にはこんなに近くまで寄って見る事は不可能というくらいカメラが迫る。羊の背中も画面いっぱいに映されると生物には見えなかったりするし、ミシンや車輪は生物みたいに見える。

いったい何が起こるのだろう、この映画は？　いつまでたっても特別な事は起こらない。人もたくさん出てくるのに、そういえば台詞がひとつも無い。豚や機械はよく鳴くのに。でも、お爺さんの食べていた離乳食みたいな食べ物を嘗めた猫が死んでしまったり、蛙を食べた魚は人に吊り上げられ、湖の底には死体があったりする。外でボーリングらしきゲームに興じる男達は段々数が減ってくる。それを見物していた男ももういない。警官は何かを見つけたようにも見えるが黙ったままだ。密造酒を作る女、なんだか解らない薬を調合する黒い衣装のお婆さん。皆怪しい。

この村の人々は果たして、誰かの意図で死んで行くのか、何かの呪いなのか、それともすべては自然の成り行きなのか？　一生懸命観ていれば、犯人が解るのだろうか？

ぼんやりしているようでおっかない村。それを威嚇するかのように、いきなり戦闘機が川沿いを飛んで行くのも変です。

こういう映画、大好き。しゃっくりは100回すると死ぬんだよ。

モンドヴィーノ

Mondovino

幸せそうなサルデーニャ島のコルンブさん
ワインは土地の自然の結晶

監督：ジョナサン・ノシター
出演：ミシェル・ロラン、ロバート・パーカー
製作年／国：2004年／フランス、アメリカ
DVD発売元：クロックワークス

ミシェル・ロラン、エメ・ギベール、ロバート・パーカー、ムートン・ロートシルト、ロバート・モンダヴィ、フレスコバルディ。この名前のうちひとつでも記憶にある方はぜひ観ましょう。今夜の晩酌は間違いなくワインです。

ワイン用語が飛び交う、ワイン関係者達にインタビューを試みたこの映画は、これまでよくは知り得なかったワインの世界を教えてくれると同時にいっそう遠いものにもしてくれます。フライング・ワインメーカー？　なんだそれは？　ドメーヌ、ネゴシアン、ワイン・スペクテーター、ミクロ・オキシジェネーション。ううう……。ワインの世界は複雑で奥が深い。底無し沼だ。

カリスマワイン評論家R・パーカー好みのワインの事を揶揄してパーカリゼーションと言うらしい。評論家の一言で市場が変わる。株みたいですね。日本でも、最近では当たり前にワインを飲むようになったとはいえ、レストランで聞き耳を立てているとボトルでオーダーする人の多くは「素人向けで安くて美味しいのありますか？」と言っています。「ありません」と答える店は無いので、皆店任せで飲んでいるのでしょう。

ビールや日本酒と同様に、待たずに飲めるのも人気の理由かもしれません。

監督自身もソムリエの資格を持ち、世界中のワイン生産者に会って来てこの映画を作ったと言っています。それぞれに客観性を保って話をさせているので、観客の反応もそれぞれだと思います。個人的にはテロワールという言葉に反応しました。フランス特有の言葉のようで「地味」と訳されています。その土地の持つ気候、土壌、地勢等を包括するもののようです。サルデーニャ島ボサのワイン、エメ・ギベールやド・モンティーユ一家の作るワイン。出てきたワインを全部並べてテイスティングしてみたい!!　オーパス・ワンすら飲んだ事無いんですけどね。

バッドアス！

Baadasssss!

スウィート・スウィートバック

Sweet Sweet Back's Baadasssss Song

BAADASSSSS!
お父さんのメルヴィンの方が黒人度高し。
たった30年で時代は変わる。

「バッドアス！」
監督：マリオ・ヴァン・ピーブルズ
出演：マリオ・ヴァン・ピーブルズ、ジョイ・ブライアント、T・K・カーター
製作年／国：2003年／アメリカ
「スウィート・スウィートバック」
監督：メルヴィン・ヴァン・ピーブルズ
出演：メルヴィン・ヴァン・ピーブルズ、ブラック・コミュニティ、ブラザー・ソウル
製作年／国：1971年／アメリカ
DVD発売元：キングレコード

これは2本セットです。というか『バッドアス!』が観たら必ず『スウィート・スウィートバック』を観たくなるから。

『バッドアス!』の監督はマリオ・ヴァン・ピーブルズ、黒人で初めてインディペンデント映画を撮ったメルヴィン・ヴァン・ピーブルズの息子。これは父親が『スウィート・スウィートバック』を撮っていた時の事をドキュメンタリータッチで描いたものです。金が無くて自分で主演をし、自分の子供時代を息子のマリオにやらせ、白人の買い手には黒人ポルノだと思わせ、警察に資材を押収され、左眼を失明しそうになりながらも、凄まじい執念で完成させた世界初の黒人ヒーローもの。

子供の頃から映画の中の黒人は道化やバカな召使いでしかなかった事に憤っていたメルヴィンは(アジア人もほぼ同じような扱いでした)黒人の黒人によるブラックシネマを作ると決めていたが、スポンサーもかける小屋の持ち主も白人しかいない社会。誰も耳を貸さない。たった30年前には、エディ・マーフィーもローレンス・フィッシュバーンもサミュエル・L・ジャクソンも存在しないのだ。おまけに我儘で強情で金も無いのに大口をたたき、スタッフの首をばんばん切る。結果として『スウィート・スウィートバック』は1971年インディペンデント映画興行成績第1位に輝くが、こういう家族を父親に持っていると子供は苦労するだろう。

マリオは子供の頃には父親の童貞喪失のシーンを演じ、大人になっては父親役を演じて監督の苦労を描いています。確かによく似ていて、まるで同じ人間みたいにかっこいい。映画を撮る話をした時、メルヴィンは息子に言ったそうです。「私をあまりにも良く描かないでくれ」

亀も空を飛ぶ

Lakposhtha Hâm Parvaz Mikonand

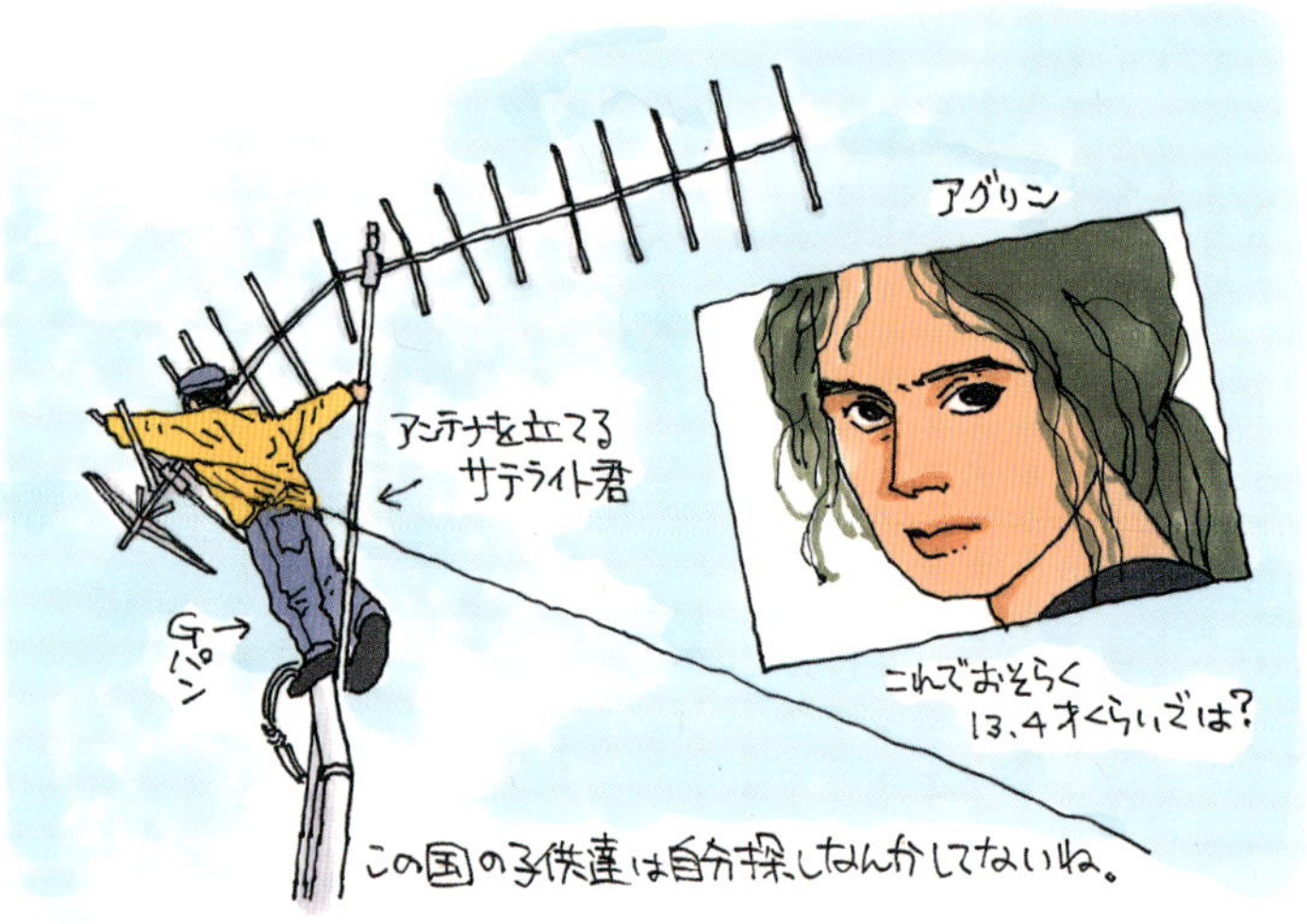

監督：バフマン・ゴバディ
出演：ソラン・エブラヒム、ヒラシュ・ファシル・ラーマン、アワズ・ラティフ
製作年／国：2004 年／イラク、イラン
DVD 発売元：『バフマン・ゴバディ　DVD-BOX』＝ IMAGICA

舞台は2003年の春、イラク北部クルディスタン地方の小さな村。大人達に言われて衛星放送のためのパラボラアンテナを買いに行こうとする孤児の少年サテライト。サテライトという名前はアメリカびいきで機械に強いという事と、英語が話せるらしい事から付いた。実際にはそれらしいだけだが。村の子供達の地雷を掘り起こすアルバイトの元締めもしている。地雷もアメリカ製。それを「国連」に売る。

そこに、兄と赤ん坊を連れた少女がハラブジャからやって来る。クルド人の町ハラブジャはイラン・イラク戦争末期、1988年3月16日にイラク軍の化学兵器攻撃により5000人の市民が虐殺された場所。少女アグリンは小学生にしか見えない小さな身体にくたびれた美しい顔。赤ん坊のリガーは目が見えず、アグリンはリガーをうまく可愛がる事が出来ない。いつもリガーを捨てようとしている。それはイラク軍の兵士に暴行を受けて出来た子供だから。それを諭す兄ヘンゴウには両腕が無い。

だがヘンゴウには予知能力があり、地雷の埋まっている場所を当てたり爆発するトラックを指摘したりする。サテライトは感心し、彼に敬意を表す。もちろん、それは妹のアグリンへの恋心にも通じているのだが。

お話は悲惨で、最後まで予断を許さない。いったい、どんなラストが用意されているのかまったく読めない。始まって5分で誰が生き残るのか、何が起こるのか解っているヒーローアクション映画もいいけれど、クルドの子供達と一緒に知らない世界を生きるなんて映画でしか体験出来るものではありません。

映画館を出れば地雷も化学兵器も無い国で、しかし一時本当に辛い気持ちになるのも豊かな国の特権と言えるでしょう。

天空の草原のナンサ

Die Höhle Des Gelben Hundes

かしこい犬ツォーホルは
カンヌ映画祭でパルムドッグ賞受賞

監督：ビャンバスレン・ダバー
出演：ナンサル・バットチュルーン、ウルジンドルジ・バットチュルーン、
バヤンドラム・ダラムダッディ・バットチュルーン
製作年／国：2005 年／ドイツ
DVD 発売元：ショウゲート

こんなほっぺたの赤い子供を久しぶりに見ました。
ナンサはまだ6歳、モンゴルの遊牧民夫婦の長女。下には幼い妹と弟がいる。学校がある間は町で暮らし、休みになると両親のもとに帰り仕事を手伝う。馬に乗り羊や山羊を追って草原を行く姿は子供とは思えないほどたくましく、青い空と遠くの山と緑に輝く草原とナンサは、羊や山羊や馬と共にひとつに溶け合っている。

ある日、馬に乗って出掛けたナンサは洞穴で1匹の犬と出会う。ツォーホルと名付けたその犬はとても賢く、ナンサについて一緒に家に帰って来る。しかし父親はどうしても犬を飼う事を許してくれない。隠しながら面倒を見るナンサだが、草原を移動する時はとうとう紐に繋がれて置いて行かれる事になる。ところが、途中で弟が行方不明に。空にはハゲタカの群れが輪を描いて獲物を狙っている。弟と犬の運命や如何に？

いや、物凄い風景です。ここには花粉症もホルムアルデヒドもアスベストもありません。その代わりに毎日水を汲みに行かなければならないし、犬が死んだら自分で穴を掘って埋めなければならない。ナンサの両親は町で暮らす事も考えているようですが、遊牧する生活には都会で育ち暮らし慣れた者達には無い、静けさや慎ましさや伝説があります。本人達にはすべてがあたりまえの事だからこそ、その生活は観る者の心に新鮮な驚きを与えてくれます。

山羊のミルクのお茶やチーズ、民族衣装、灯りだって家だって自分で作る。動物の糞を玩具にして遊び、燃やして暖をとり、物心ついた頃から仕事に参加する。最小限の物を大事にしながら生きているのです。

うーん、素晴らしい。でも、あの美しい空気にはもれなく動物の糞が付いてくるのだな。

ある子供

L'Enfant

若くても子供を産めば母
若いから子供を持っても父になれない男

監督：ジャン＝ピエール & リュック・ダルデンヌ
出演：ジェレミー・レニエ、デボラ・フランソワ、ジェレミー・スガール
製作年／国：2005 年／ベルギー、フランス
DVD 発売元：スタイルジャム

ブリュノは20歳。恋人のソニアは18歳。ソニアが赤ん坊を出産し病院から帰って来ると、自分の部屋には知らない男と女が住んでいる。2人はブリュノから1週間この部屋を金を払って借りたのだという。その頃、ブリュノは近所の子供達を使って盗みをさせ、小銭稼ぎに精を出している。怒るソニアをまったく意に介さない様子のブリュノ。その後、彼は自分の子供を売り払い、ソニアの逆鱗にふれて追い出される事になるのだが。

始め、この赤ん坊が「ある子供」だと思ってしまいましたが、途中でどうもブリュノの事のようだと気がつきました。実際に出産しないので男性は赤ん坊が自分の子供だと実感しづらいとは言いますが、売るなんて言語道断です。しかも、悪気が無いところが恐ろしい。彼は特に赤ん坊を邪魔にしたり嫌っている訳ではないのです。まだまだ自分が楽しみたいし、遊ぶ金が欲しいだけ。社会性も責任感も欠けていて、大人になろうとする気持ちが無いだけ。しかしこれはベルギーに限らず世界中で、御近所でも聞いたような腹立たしい話ですね。

ただ、このブリュノはまだソニアが大好きで、素直なところも子供らしくて、それだけが救いです。人間には立ち直る機会が何度もあります。その時には、それまで生きてきた価値観とはまったく違う勇気を必要とするでしょう。自分のためでなく、誰かのために正しく責任を取る事。盗んだ金で乳母車や自分とおそろいのジャケットを買ってあげたりするのではなく、子供のために働く事。結果として、それは自分を救う光になるのではないでしょうか。

監督は『息子のまなざし』のダルデンヌ兄弟です。映画を通して犯罪から若者を救おうとする方法を模索し、訴える姿勢に深い愛情を感じます。

ダウン・イン・ザ・バレー

Down In The Valley

監督：デヴィッド・ジェイコブソン
出演：エドワード・ノートン、エヴァン・レイチェル・ウッド、デヴィッド・モース
製作年／国：2005年／アメリカ
DVD 発売元：ハピネット、アートポート

カリフォルニア州サンフェルナンド・バレー。17歳の娘トーブは、父親ジェイドと引っ込み思案の弟13歳のロニーとの3人暮らし。ある日、友達と海に出掛ける途中のガソリンスタンドで、カウボーイハットの男ハーレンと出会う。その場でスタンド（仕事）を辞めて一緒に海に向かうハーレンに驚くトーブだが、ロニーにも優しく、笑顔で「自由に生きよう、自分の本当の言葉で語ろう」と言うハーレンに、厳しい刑務官の父親にうんざりしていたトーブはうっとり。2人はあっという間に恋に落ちる。

いつも楽しそうに生きているハーレンに不穏なものを感じるのは、彼が知り合いの牧場なんだよとトーブを連れて行き、そこにいる1頭の白馬に乗って乗馬を楽しんだ後の事。牧場主はハーレンを馬泥棒と罵り、ライフルで彼らを狙う。ハーレンは牧場主に笑顔で俺を忘れたのかと聞き返す。どちらが嘘をついているのか、もしくは勘違いしているのかは解らないが、警官が来てその場は収まる。この曖昧さがなんだか薄気味悪いのだ。さらに勝手にロニーに拳銃の撃ち方を教えてからは、ジェイドとハーレンの間は険悪に。トーブにもう彼に会うなと叱りつける。お出入り禁止になったハーレンはトーブに、ロニーも連れて3人で逃げよう、一緒に暮らそうと誘うのだが。

もうこの辺になると、この男はまともなのかどうか大分怪しくなっています。優しさを押し付ける人間は、一目で危険な男よりある意味質が悪い。気がついた時は、もう家の中に入って来てしまっているのです。本人は良い事をしていると思っているので、なかなか出て行ってくれません。断ると「それは本当の君の言葉じゃないんだよ」。勝手に決めるな。

笑顔を絶やさないカウボーイハットの男は怖い。

僕と未来とブエノスアイレス

El Abrazo Partido

監督：ダニエル・ブルマン
出演：ダニエル・エンドレール、アドリアーナ・アイゼンベルグ、ホルヘ・デリーア
製作年／国：2003 年／アルゼンチン、フランス、イタリア、スペイン
DVD 発売元：ハピネット

舞台はブエノスアイレスの古いガレリア。ガレリアというのはアーケード商店街の事。ミラノにも立派なのがありました。日本なら個人商店の集まる商店街でしょうか。ブエノスアイレスのそれは、様々な国の人々がいろいろな店を出していて国際色豊か。ランジェリーショップを経営する母親を手伝いながら暮らす青年アリエルは、ガレリアの中に愛人がいたり、昔の彼女に未練があったりもしているが、祖父母の祖国ポーランドのパスポートを取得して、ヨーロッパに移住しようとしている。何故、彼はポーランドにこだわっているのか？　彼が生まれてすぐに離婚して、イスラエルに戦争に行ったきり帰って来ないユダヤ人の父親への憧れなのか反発なのか。ここではない何処かに身を置いてみたいという、若者らしい脱出願望なのか。そんな中、父親が突然帰って来る。片腕を失って。それに伴ってアリエルの出生の秘密、離婚の原因等が徐々に明らかになり、彼のアイデンティティはさらに揺れる事になるのだが。

ガレリアの中の雰囲気がとてもいいです。本当は兄弟ではないレビン兄弟は生地商人、年をとってきてもうじき店を閉める文房具屋もあれば、若い韓国人ワケあり夫婦の風水を扱う店、インターネットカフェもある。親戚でも友達でも仕事仲間でもないけれど、同じ屋根を共有する運命共同体的な関係。行った事も無いのに懐かしい気持ちがします。毎日代わり映えのしない、変化の速度の遅い場所。

こういうある意味無国籍、雑多な商売に囲まれた場所に生息していると、何かになろうとしていなければ自分がそこに埋もれてしまうような気持ちになりそうです。つまり、何にでもなれそうだという事。

マイ・アーキテクト
——ルイス・カーンを探して

My Architect: A Son's Journey

傷のある方を
写真に撮らせていた
ふしがある。

監督：ナサニエル・カーン
出演：フィリップ・ジョンソン、ヴィンセント・スカーリー、I・M・ペイ
製作年／国：2003年／アメリカ
DVD発売元：レントラックジャパン

1974年3月のニューヨーク、ペンシルヴェニア駅で男性の死体が発見される。パスポートの住所は消されており、身元が判明するまでの3日間、彼は死体安置所で保管された。享年73歳。「キンベル美術館」「ソーク生物学研究所」「バングラデシュ国会議事堂」等の建築物を設計、創造したルイス・カーンは妻にも2人の愛人にも看取られること無く、31年前（2005年現在）にこの世を去った。

当時11歳だった2人目の愛人の息子ナサニエル・カーンは父親の仕事等を書物等で見聞きし

ていたものそれでは飽き足らなくなり、ついに自らの父の残した作品と彼を知る人々を求めてドキュメンタリー映画作りの旅に出る。

感動しました。どのシーンにも人の重みを感じさせてくれました。それぞれの立場やカーンとの距離に対して正直に話していたと思います。最もカーンに対して批判的であり、彼のデザインする街のコンセプトを今でも認めていないフィラデルフィア都市計画の委員長でさえも。それはインタビュアーである監督がカーンの息子であった事も理由のひとつだと思いますが、やはりカーンその人のキャラクターに起因しているのではないでしょうか。

建築物だけでなくカーン自身の映像も残っていて、顔の右側に大きな傷（火傷の跡のようです）があり、背も低く、変わり者だったようですが、人を惹き付ける人であっただろう事は大学の講義のフィルムを観ているだけでも解りました。こんな授業なら受けてみたい。また、最も心を打たれたのは音楽を運ぶ船で、オーケストラが練習しながら海を渡り、港に船舶を停泊させている間は船の外壁を開いて舞台にするというもの。凄いです。監督が取材に行くと、船長は彼を抱きしめて泣いていました。カーンと船長は音楽を共有していたのでしょう。

近年、カーンの思想的な建築物は再評価されていると聞いています。

ディア・ウェンディ
Dear Wendy

監督：トマス・ヴィンターベア
出演：ジェイミー・ベル、ビル・プルマン、マーク・ウェバー
製作年／国：2005 年／デンマーク
DVD 発売元：メディアファクトリー

小さな炭鉱町、エレクトリック・パーク広場で育ったディックは、炭鉱夫の父に何度も炭鉱へ連れて行かれるものの馴染めず、男らしくないと言われながらもスーパーマーケットで働くが、こちらもまた退屈で自分自身の居所の無い思いで暮らしている。数年後、父親が亡くなった時、物置で玩具みたいに小さくて女の子みたいにキュートな本物の古い拳銃を見つける。初めての友達、信頼出来るパートナー。ウェンディ。

それからディックの生活は変わってゆく。銃を持っている事で気持ちは強くなり、生活に張りが出てきた。決して銃を使わない事（銃による平和主義）を旗印に、今まで鬱屈していた友達と「ダンディーズ」を結成。拳銃マニアのスティーヴィー、二丁拳銃のスーザン、義足のヒューイ、その弟フレディ。毎日皆で集まって銃や殺人者の研究をし、もちろん練習を怠らない。平和の為に！

胸を張って歩きたい、自分で自分を認めたい、他人に後ろ指を指されずに尊く生きたい。美しい道具を愛でてうっとりしたい、しかも破壊力のあるヤツを。この映画のテーマはまさにその対象が「銃」だったら？という事に尽きます。

見所は彼らのアジトやそれぞれのキャラクターです。欲を言えばもっとテンポ良く、古典の舞台に乗りそうな衣装を手に入れるところや、アジトを作ってゆくあたりの経過シーンも入れて欲しかったですが、彼らが楽しく遊んでいる事は充分伝わってきたので良しとしましょう。

だからこそ、実際に人を殺した事のある、かつての家政婦の孫、幼なじみのセバスチャンが彼らの仲間に入って来た時はもうそれだけで、身が引き締まる思いでした。「――とうとう来たな……」ディックは遊び相手を間違えたのでした。

リトル・ランナー

Saint Ralph

監督：マイケル・マッゴーワン
出演：アダム・ブッチャー、キャンベル・スコット、ジェニファー・ティリー
製作年／国：2004年／カナダ
DVD発売元：ギャガ・コミュニケーションズ

祈りとは何なのか？ どんな宗教にも祈りがあり、無宗教の人間でも祈る事がある。つまり人間には思わず、あるいはついうっかり祈ってしまう事があるのだ。

1953年、カナダのハミルトン。父親を戦争で亡くした14歳の少年ラルフの肉親は、入院中の母親1人きり。母親にもしもの事があれば、彼は今通っているカトリックの私立学校を追われ、施設に入らなければならなくなる。とは言っても、所詮は14歳。煙草を吸ったり女子更衣室を覗いて事件を起こしたりと、自分の置かれている状況にもめげず、厳格な校長フィッツパトリック神父を怒らせてばかりいる。神父ははみ出しているラルフを規則に従わせる事が、延いては本人の為になると心の底から信じているのだ。

そうこうするうちに母親は昏睡状態に陥ってしまう。「お母さんは奇跡でも起きない限り目を覚ます事は無いよ」医者に宣告されたラルフは、たまたま罰として走らされたクロスカントリーを奇跡の場に選び、ボストンマラソンで優勝する事を決意。徐々に周りの人々の協力を得て猛特訓を続ける。さながら『巨人の星』の星飛雄馬の如く。

眠り続ける母親に、庭で咲いた花や犬のうんこの匂いを嗅がせてみたり、音楽を聴かせてみたり、ある日ふと目覚めてくれないものかとささやかな努力を続ける子供には、人を立ち止まらせる力があります。無駄だと解っているけれども、やらずにおれない事が人にはあると知っているからです。それが祈りの原点ではないでしょうか。

奇跡を起こすのに最も相応しいスポーツのひとつは、ただ走る事です。シンプル・イズ・ベスト。母への切なる願いを込めてひたすら走る子供の勝利を祈らないのはもちろん、一緒に走っているライバル達のみ。そうでなきゃね。

チャーリーとチョコレート工場

Charlie And The Chocolate Factory

監督：ティム・バートン
出演：ジョニー・デップ、フレディ・ハイモア、ヘレナ・ボナム＝カーター
製作年／国：2005年／アメリカ
DVD発売元：ワーナー・ホーム・ビデオ

お母さんとお母さんの両親とお父さんとお父さんの両親と7人家族のチャーリー。もちろん、家は恐ろしく貧しい。お父さんがたまに仕事場から持って帰って来る歯磨き粉のチューブの蓋（形が崩れて使い物にならないと判断されたもの）が、チャーリーの遊び道具。彼はそれを使ってチョコレート工場の模型を作ってうっとり。世界中の子供が憧れて涎を垂らす、誰も中を見た事の無いウォンカ氏のチョコレート工場を。

さてある日、件のウォンカ氏がチョコレートバーの包み紙の中に「金のチケット」を5枚入れて販売する事を発表する。当たりくじを引いた子供は工場見学が許されるのだ！

チャーリーだけではない、世界中の子供達がお菓子屋に殺到。もっとも、チャーリーには年に一度しかチョコレートを買う事が許されていないのだけれど。

要するに、このチョコレート工場見学でバカ親とバカな子供はバカらしい目に遭い、良い子は報われるとそういうお話です。

見所はもちろんウォンカ氏、ジョニー・デップ！コスチュームキャラクターをやらせたら他の追随を許さない彼は、今回も悪夢みたいに毒々しい遊園地まがいの工場内の色から浮く事無く、明らかに子供も人間も大嫌いな天才ショコラティエを小気味良くこなしてくれています。心のこもってない軽やかな笑い顔のなんとすがすがしい事か。だいたい、監督がアメリカの悪夢製造工場ティム・バートン。事前にロアルド・ダールの原作を読んで準備万端の期待に、彼は充分応えてくれました。

実はこの映画、結構音楽が面白くて70年代あたりのパロディになっています。と同時に『2001年宇宙の旅』ネタなんかも使われていて笑えます。ので、DVDを買おうかサントラのCDを買おうか迷っているところ。

ブロークン・フラワーズ

Broken Flowers

監督：ジム・ジャームッシュ
出演：ビル・マーレイ、ジェフリー・ライト、シャロン・ストーン
製作年／国：2005年／アメリカ
DVD発売元：キネティック

お肌はカサカサ、髪は白くなり額も大分広くなった。にもかかわらず、ドンファン気取りの独身貴族ドン・ジョンストン。今現在同棲しているシェリーに愛想をつかされて、ちょっとがっくり来ているところにピンクの封筒が届く。それは20年前に付き合っていた女からで「あなたの19歳になる息子が旅に出た。きっと父親に会いに行くのだろう」と書いてある。息子の存在すら知らなかったドンは隣人で親友のウィンスト

ンに相談。想像力と実行力に長けたお調子者のウィンストンはドンに、当時付き合っていた5人の女の名前を書き出させると、それを探し出してドンに言う。「おまえは旅に出るべきだ。ホテルの予約もレンタカーの手配もしてある。ピンクの花束を持って女達に会いに行け！　誰がおまえの子供を産んだのか調べて来るんだ！」

ビル・マーレイが素晴らしい。コメディは役者が笑ってはいけないという昔ながらのセオリー通り、憮然とした表情で無口な中年男は、いきなり走り出しては笑わせてくれる。実際に走る映像は一度だけなんだけれど。初老の男が走るというだけで何処か情けない感があります。心の中は好奇心と寂しさでいっぱいなのだ。

20年前にはそれぞれ個性的であったろう5人の女達は、きっとこういう風に年をとっているだろう、いや、そうあって欲しいというドンの願いのように描かれているように見えます。如何にも現実的でありながら、何処か夢の女達みたい。息子もまた夢のようです。実は息子がいましたと言われても実感が湧かないだろうし、だから息子ではなく女達を探すのだし、しかし当然そこに自分の居場所は無い。結局ドンは自分の中を旅しているようです。

あれっ、なんだか隣人のウィンストンが神様みたいに思えてきました。

メルキアデス・エストラーダの3度の埋葬

The Three Burials Of Melquiades Estrada

監督：トミー・リー・ジョーンズ
出演：トミー・リー・ジョーンズ、バリー・ペッパー、ドワイト・ヨーカム
製作年／国：2005年／アメリカ、フランス
DVD発売元：アスミック

メキシコに隣接しているテキサスで、狩りをしている男達がコヨーテを撃ち殺す。コヨーテは人間を喰い散らかしているところだった。死体はメキシコ人のカウボーイ、メルキアデス・エストラーダ。死体安置所でピート・パーキンズは考えている。誰が何故、友人メルキアデスを殺したのか？　やがて犯人は脳味噌の皺が3本くらいしか無い大バカ者の国境警備隊員、マイク・ノートンだと解るのだが話はここからで、ピートはマイクを銃で脅して死体を掘り返させ、ロバに乗せて、メルキアデ

スをメキシコに連れて帰る旅を始める。かつて彼が「美しさに心が張り裂ける」と言っていた故郷ヒメネスに、馬鹿マイクを伴って。
マイクを連れて行くのは何故だろう？　ピートは淡々と彼を働かせる。死体にはもう生きていた時の面影はありません。壊れかけているし、暑いから臭いだろう。警察と国境警備隊に追われながら、川を越え荒野を行く。時々悲鳴をあげてあるいは黙って逃げようとするマイクを、殴ったり転がしたり銃で脅したりしながら。

この物語には驚かされました。思っていた事が度々そうはならず、よりによって旅が終わりに近づくほどに解らなくなり、展開は奇抜で、しかし妙な説得力があります。それはひとえに主人公で監督でもあるトミー・リー・ジョーンズの魅力なんだと思いました。むさ苦しい、でも黙々と友達を運ぶ姿は男らしい。賢いのか狂っているのか解らない。解らないけど、何かが凄い。怖いから距離を置いてついて行きたい。そういう人。

ラストのマイクの台詞はジョン・カサヴェテス監督の『ハズバンズ』を思い出させてくれました。友達を失った男達が気が済むまで毎日毎日バカ騒ぎを続ける切ない映画です。

ククーシュカ
——ラップランドの妖精

Kukushka

監督：アレクサンドル・ロゴシュキン
出演：アンニ＝クリスティーナ・ユーソ、
ヴィル・ハーパサロ、ヴィクトル・ブィチコフ
製作年／国：2002年／ロシア
DVD発売元：デックスエンタテインメント

始め、兵士が2人。若いのとそう若くない男が女の家で寝泊りする事になるのは危ないいんじゃないの？いろんな意味で、と犯罪のバリエーションを思い浮かべました。が、2人の男は紳士で、そういう事は考えなくてもいいのだな、と安心したところで彼女の方が男達を誘いたがっているのだと解って慌てました。

第二次世界大戦末期、ロシアとドイツ、そして自国の領土解放のためにドイツについたフィンランド。戦火はフィンランド最北の地ラップランドまで迫っていた。

若い狙撃兵ヴェイッコは、平和主義者であるが故にドイツの軍服を着せられて、鎖で岩に繋がれたフィンランド人。ロシア兵に見つかったら即座に殺される状況。そう若くない方の男イワンは、濡れ衣を着せられて軍法会議に向かうロシア軍大尉。味方の誤爆で瀕死の重傷。倒れているイワンに息があるのを見つけたサーミ人の女性アンニは、夫がフィンランド軍に徴兵されて一人暮らしの家に彼を連れて帰る。それを双眼鏡で見ていたヴェイッコは、なんとか自力で鎖を抜くと彼女の家に安全を求めて歩き出す。

この辺のお国の関係は複雑で、この3人は言葉が通じません。しかも、上記のようにそれぞれが抱えている事情があります。勘違いと誤解の連続。それでも観ていて笑えるので、人間はそう捨てたものではないのかなと思いました。

国が違う、言葉が違う、性別が違う。そういう事を当然のように受け止めるアンニは、ただ人として動物のように生きている女性でした。怪我をしている者を助け、食事を作り、助けてもらえる事はしてもらい、女として男を求める。ラップランドではそういう人の事を妖精と呼ぶのでしょうか？　確かに、現代の都会では生きにくいかもしれません。

グッドナイト＆グッドラック

Good Night, And Good Luck

監督：ジョージ・クルーニー
出演：ジョージ・クルーニー、デヴィッド・ストラザーン、
ロバート・ダウニー・Jr
製作年／国：2005年／アメリカ
DVD発売元：東北新社

伝説の人物エド・マロー。1950年代のアメリカ、大手TV局CBSが〝報道のCBS〟と呼ばれる礎となった番組『シー・イット・ナウ』のニュース・キャスター。アメリカの報道に携わる立場にあって彼を知らない者はいない。

1953年10月14日、CBSのスタッフ達は〝赤狩り〟の急先鋒ジョセフ・マッカーシー上院議員に真っ向から立ち向かうかどうかを話し合っていた。ある空軍兵士の父親と娘が共産党員の嫌疑をかけられているが、その証拠とされる手紙は封印されているという新聞記事について。本当にそうなら手紙を出せるはずだ、証拠も無く民間人を糾弾するのはおかしいと。しかし、TVでこれを取り上げる事は、マッカーシーから弾圧を受ける事を意味する。今度は自分達が〝赤狩り〟のターゲットにされかねない。しかし、エド・マロー率いるチームは戦う事を決意する。「自分の過去や親族に共産党と関わりがあった者は、今ここでチームから外れてくれ」

スタイリッシュなモノクロの映像は1コマ1コマが絵のようで、写真集として出せそうなくらい美しく感動しました。いやあ、ほんっとにかっこいい。ヒーローもの、かくあるべし。今現在、○○政権と戦っている者達へのエールにも見えます。

しかしまあ、ぱかぱか煙草を吸う映画です。監督のジョージ・クルーニーは絶対意識してやっているとしか思えませんね。煙草のCMまで入っている。時代感が出ていて懐かしいというか、昔の連続TVドラマみたい。会議室でも控え室でもみんなぱかぱか。まして、ニュース・キャスターが番組中も短くなった煙草を指に挟んでいるなんて、今では考えられません。これがまた凄くかっこいい。まさか、再びアメリカに喫煙時代が来るのか？

狩人と犬、最後の旅

Le Dernier Trappeur / The Last Trapper

監督：ニコラス・ヴァニエ
出演：ノーマン・ウィンター、メイ・ルー
製作年／国：2004年／フランス、カナダ、ドイツ、スイス、イタリア
DVD発売元：ポニーキャニオン

ロッキー山脈を犬達と共に生き抜いてきた実在の人物、ノーマン・ウィンター。過酷な北極圏を夏は馬やカヌーで、冬は犬ぞりで渡り、自然の一部として昔ながらの方法で狩猟を続ける狩人。さらに家は斧で木を切り倒し、自分で建てる。彼は人間には自然界の調和を保つ義務があるという信念を持っている。

ノーマンは言う。「狩人がいなくなって動物が減ったら」と。え？　と思うかもしれないが、ひとつの種だけが増えると生態系は崩れる。たとえそれが、単体であればおとなしい鹿やかわいらしい野ウサギだとしても。それを調整するのが人間の仕事なのだ。

しかし、森や動物達は森林の伐採によって年々減少し、もはや調和は壊れかけている。ノーマンは今年を最後にロッキーを離れようと決めていたのだが、信頼するリーダー犬を失い、代わりにと貰ったダメ犬アパッシュとまた山に向かう。

とにかく凄い世界です。無線で近所の友達に「これから遊びに行く」と伝える。「2、3日後には着くよ」。7頭の犬達と森を越え氷の湖を越えてお茶を飲みに行くのだ。犬はもちろんペット等とは程遠い、一緒に仕事をする、いやこうなるともう命を共にするかけがえのない仲間。狼や熊に遭遇する事もある。湖の氷が割れて落ち込む事もある。なんと過酷な自由である事か。

物凄い存在感のある役者だなあと思ったら、ノーマン・ウィンター本人でした。こういう男について行ける女は、イヌイットやネイティヴ・アメリカン達。また監督も20歳でラップランド大平原を徒歩で縦断し、その後20年に亘ってアラスカやシベリアを横断しているという冒険家ニコラス・ヴァニエ。もちろん、犬好きな人はそれだけでも観る価値があります。

ダメジン

Damejin

監督：三木聡
出演：佐藤隆太、緋田康人、温水洋一
製作年／国：2006 年／日本
DVD 発売元：ジェネオン エンタテインメント

崩れかけたバラックに住み、仕事もせず、毎日をぶらぶらと過ごすリョウスケ（佐藤隆太）、ヒラジ（緋田康人）、カホル（温水洋一）の三人組。彼らは日々考えている。働かずに一生生きていく方法は無いかと。食い物に困らなければいいのか？ じゃあ、何を食っていこうか？ 猫？ それとも……？

ある日、近所の猫じじいの部屋で、風呂で沸かしたコーヒーを飲んでいると、じじいにガンジス川らしき絵葉書を見せられ、「それならインドに行け。インドならぶらぶらしていてもなんとかなる」と薦められる。かくしてインドに行くために、3人は初めて目的を持って金を貯めようとするのだが、働いた事の無い彼らにはバイトもままならない。

現実的とは言いがたい人ばかりこれだけたくさん出てくると、ある種のファンタジーかなと思います。川に浸かったままのインバさん、人工肺を持ち歩きながらも百人組の銀行強盗を計画するゲシル先輩、露天のハーモニカ屋にいつもタンクの上にとまっている少女、サンダル工場で働く不幸な女タイアン。

間抜けな人物ばかりで物語を構成するためには手間隙がかかる。たとえ、爆弾が出てきても怖くはないし、話がなかなか繋がらないからだ。話が繋がらないと、観客は飽きてしまう。飽きさせないために、面白い画を3分に一度くらい挟まないといけない。そのためには、味のある役者が不可欠だ。顔が映っただけで何かが起こっているような気分にさせる、意味深でうすら怖い役者達が。

よくもまあ、小ネタを繋いで繋いでふんばったものだと感心しました。定年退職後にはゆっくりと好きな事だけするんだと、保険に入ってお金を貯めて家のローンを払いながら真面目に汗をかいている人達にこそ観てもらいたい、宿題の無い夏休みのような楽しい映画です。

雪に願うこと
What The Snow Brings

監督：根岸吉太郎
出演：伊勢谷友介、佐藤浩市、小泉今日子
製作年／国：2005年／日本
DVD発売元：スタイルジャム

なんと言いましょうか、無駄の無い、無理の無い、美しく力強い、映画のお手本みたいな完成度の高さで唸りました。何も言う事はありません。という訳にもいかないので、まずは骨太なそのお話から。

北海道、帯広のばんえい競馬。真冬の雪の中でも行われる、世界にひとつしかない北海道の文化遺産。騎手は鞍ではなく馬が引くソリに乗り、馬は重いソリを引くので走るのではなく歩く。しかし、立派な競馬だ。ゴールは馬の鼻ではなく、おしりが先に入った方の勝ち。客は最後の1頭がゴールするまで、馬と一緒に歩きながら声援を送る。

そこに場違いなスーツにステンカラーのコートを着た若者・学が現れる。彼は調教師・矢崎威夫の弟で、東京で事業に失敗し、かつて自分から捨てた母親と兄に逃げるように会いに来たのだ。行く場所も金も無い学は、兄に罵倒されながらも矢崎厩舎を手伝う事になる。そこには賞金総額が足りないために、このままでは今年いっぱいで馬肉にされるウンリュウが。「さっきのレースでこいつに、最後に残った金、全部賭けたのに……」

プライドを捨てきれない学だけではない、厩舎の者達、騎手の少女、兄・威夫、その恋人・晴子さん、それぞれが一筋縄ではいかない悩みを抱えている。だが、馬をレースに出して勝たせたいという目的はひとつ。様々な思いを馬に託して、黙々と己の仕事をこなす姿が冬の空気のように美しい。

何より競馬のシーンの迫力、首も足も腹も太い体重1000キロの馬の鼻息が白く凍り、鞭の、ひずめの音が空に響く。思わず腹に力が入ります。行って馬券を買いたくなりました。

ローズ・イン・タイドランド

Tideland

監督：テリー・ギリアム
出演：ジョデル・フェルランド、ジェフ・ブリッジス、
ジェニファー・ティリー
製作年／国：2005年／イギリス、カナダ
DVD発売元：東北新社

テリー・ギリアム健在。凄まじく悪趣味なアメリカ版『不思議の国のアリス』です。でも、もともとアリスって、言ってしまえば悪夢だものね。

私、ジェライザ・ローズは10歳の女の子。でも、学校には行ってないの。私のお仕事は、チョコレートを食べてるママの足をマッサージしてあげる事、パパのロックスターだった頃のお話を聞いてあげる事、2人が〝バケーション〟に入れるよう薬を注射器に入れて打ってあげる事。ゴムで腕の血管を止めるのも私の役目。でも、ママは死んじゃった。それで、パパと一緒にバスでユトランドを目指した。地図にはテキサスって書いてあるけどね。そこにはいるはずのお婆ちゃんはいなくて、お隣に魔女のデルと弟のディケンズがいたの。ディケンズには頭に手術の跡があって、いつも草原を泳いでいて素敵なのよ。線路を走る巨大鮫を捕まえるんだって爆弾を隠してるの。ねえ、パパ聞いてる？　パパ、揺り椅子で腐ってる場合じゃないのよ。魔女がパパを生き返らせるためにミイラにするって言ってるけど、どうする？　彼女、人間だった時はパパの恋人だったんでしょ？

学校に行けず、お風呂にも入らず、食べる物も着る物も無い。玩具は全部壊れている。遊び場は草原に放置されたスクールバス。お友達は人形の頭のミスティーク達。両親はオーバードースで死亡。いわゆるまともな大人は周りに1人もいない。見方によれば悲惨な孤児の少女のお話ですが、子供の世界を邪魔する大人がいなくて、いつでも、いつまでも好きな事が出来て、それはちょっと羨ましい。

自己嫌悪や罪悪感や常識が無ければ、人生はそんなに辛くない。

劇場主のひとりごと n°4

ジョニー・デップ

思わず見とれるほど美しい人が、一山いくらで売られているような俳優さん達の世界。個性的な人もいっぱい。演技力で振り向かせる人も。しかし、世界レベルで人に認識されている人はそう多くはいません。ジョニー・デップはそのうちの1人です。この人をあえて嫌いという人は何か個人的な問題を抱えているのではないのかと思えるくらい、役者として好感を持って世界に迎えられています。何故だろう？

もちろん『パイレーツ・オブ・カリビアン』の大ヒットがあります。しかし、男の趣味がまったく違う女達、役者を目指す男達、さほど映画に興味の無い人達もみんな彼には好意を示します。何が魅力なんだろう？

初めて観た映画は『シザーハンズ』でした。きぐるみ、じゃなくてコスプレ、じゃなくてパフォーマンス、かな？　特殊メイクは面白いし、でも大事なのはその動きです。なんだか新宿2丁目にいる人達みたいな、男でも女でもないようなその動き。ボーダーレスな感じ。何を考えているのかさっぱり解らないような表情。何処を見ているのか解らない視線。『チャーリーとチョコレート工場』の工場長ウォンカもジャック・スパロウ船長もそうでした。シンプルにして複雑なキャラクターをこれほど上手に演じる人はなかなかいません。あの、人を小馬鹿にしたような笑いを真似したくなるのもデップならでは。

個人的には『デッドマン』『ナインスゲート』のデップが好きですが、キャラクターものも公開されるとつい映画館に走ってしまいます。『リバティーン』や『ノイズ』『レジェンド・オブ・メキシコ』『耳に残るは君の歌声』『ショコラ』『アリゾナ・ドリーム』等々、まったくジャンルの違う映画にも参加するし、もうこうなったらファン泣かせなところも魅力なのだと納得せざるを得ません。

ジョニーという名前だけが平凡だけどね。

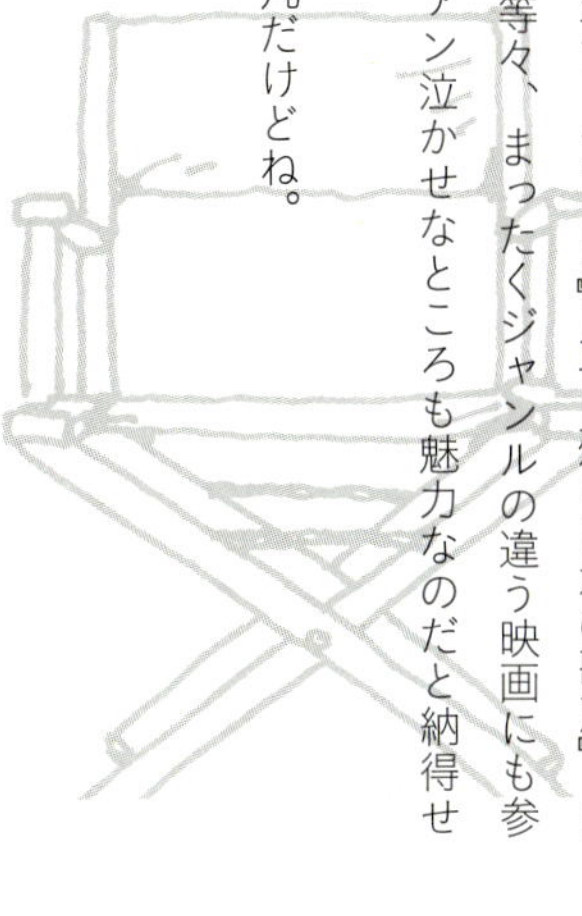

エコール

Innocence

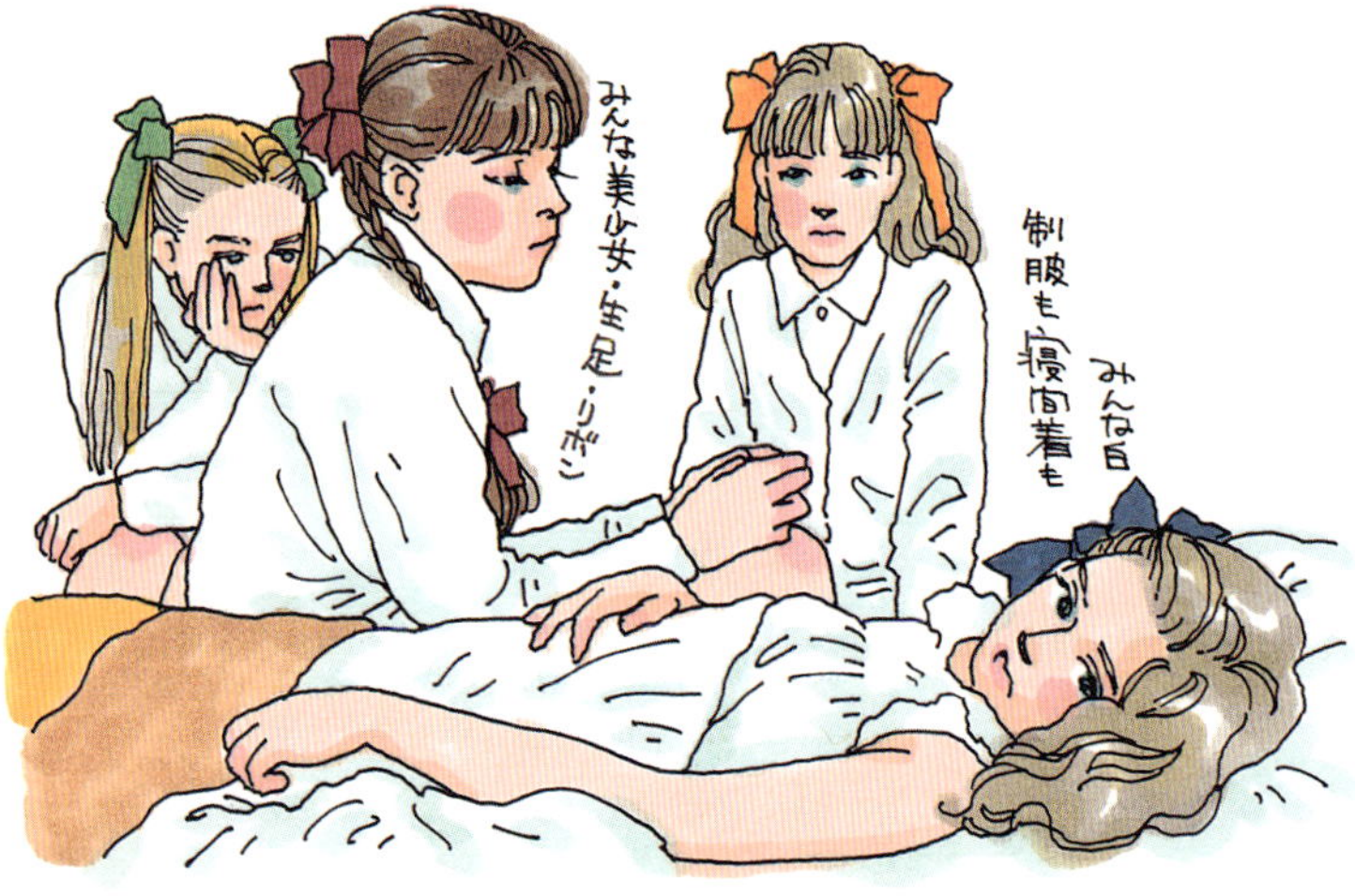

監督：ルシール・アザリロヴィック
出演：ゾエ・オークレール、
ベランジェール・オーブルージュ、リア・ブライダロリ
製作年／国：2004 年／ベルギー
DVD 発売元：キネティック

原題は「INNOCENCE」、純粋無垢という意味です。深い森の中の古い建物、地下室には棺がひとつ。そこに現れた少女達は棺の蓋を開け、中に眠っているさらに幼い少女を起こし、白い寝間着を着せて優しくベッドに運んでやる。それから彼女らは髪に掬《むす》んだリボンをほどき、自分より下の子にそれぞれ渡す。何かの儀式のようだ。

この森に閉ざされた学校には少女しかいない。だいたい5歳から12歳くらい。授業は虫や植物等、生物の生態を知る事と、バレエ。あとは湖で泳いだり森を歩いたり遊んだりするだけ。壁の外に出る事は許されない。教師も身の回りの世話係も女性だけ。もしかしたら、彼女達はこの学校の卒業生かもしれない。時々値踏みに来た大人に連れられて卒業する少女もいるし、それを願っている者もいる。年長の生徒達はバレエのステージに上げられて、観客達の目にさらされる事もある。学校の運営費の一部なのか？　いったい、この学校は誰が何の目的で建てたのだろう？　少女達は何処から連れて来られ、そして何処に行くのか？

全編がカルトな魅力に彩られた、静かなのにどきどきする映画です。真っ白なシャツとブレザー、白いミニスカートに白い靴下、編み上げた革の紐靴、髪のリボンだけがチョウチョのように華やかに揺れる。ロリータ心、フィギュア魂に訴えるものがすべて揃っていると言っても過言ではないでしょう。

少女が少女でいられる短い時間を飼育箱に閉じ込めて、孵化するまで汚れないよう、大事に育ててやる。何処か幼児買春をにおわせるようでもあり、そうでないようでもある。いずれにせよ、儚くか弱い美をただ愛でるという贅沢で身勝手な喜びは、フィルムの中でのみ完結されるのです。外でやったら犯罪だからね。

トランスアメリカ

Transamerica

監督：ダンカン・タッカー
出演：フェリシティ・ハフマン、
ケヴィン・ゼガーズ、フィオヌラ・フラナガン
製作年／国：2005 年／アメリカ
DVD 発売元：SHV 松竹ホームビデオ

幼い頃から、自分が男であるという事に違和感を持って生きてきたブリー。彼女は完全に女になるための手術費用を稼ぐために、皿洗いとテレフォン・アポインターの仕事をしながらLAで慎ましく暮らしている。その夢がやっとかなおうとする矢先、ニューヨークの留置所から1本の電話がかかってくる。少年はトビーと名乗り、父親を探して身元引受人になって欲しいのだという話をする。どうやら彼は、ブリーがかつて一度だけ女性と接触した時、出来た息子らしいのだ。

今は見かけも心も女性のブリーは息子に会う事をためらうが、カウンセラーに「ちゃんと会って来なさい。でなければ、手術に必要な書類にサインは出来ない」と言われ、怯えながらもニューヨークに向かう。

今でも性同一性障害、特に男が女になろうとする事はこんなに笑われなければ、傷つかなければならない事なのだろうか。ブリーは明らかに不自然な女で、女がこうも女っぽさを強調する事はないだろう仕草の数々を連発する。笑われる事で場を得る者もあろうけれども、彼女はそういう事を好むタイプではない。しかし、映画として彼女のような存在を成り立たせるには、観客が喜ぶ解りやすいキャラクターとなるには、おかしな人になるしかなかったのだろう。正直、そこには違和感を感じざるを得ません。

しかし、誰かが理解や興味を覚える事で、問題が正常化してゆくのなら良かろうとも思います。物事には段階があるのだから。

主演女優フェリシティ・ハフマンの演技は見事でした。彼女の想像力と体力と努力は賞賛に値するものです。

ゆれる

Sway

監督：西川美和
出演：オダギリ ジョー、香川照之、真木よう子
製作年／国：2006年／日本
DVD 発売元：バンダイビジュアル

これは面白かった。面白いミステリーを作るのには、なにもルーヴル美術館やヴァチカンまで行かなくとも釣り橋と渓谷と男と女がいればいいのだと説得されました。

母親の一周忌に田舎に帰る事にした猛（オダギリジョー）。東京で忙しくカメラマンの仕事をこなす彼は、母の葬式には出られなかった。帰っても居心地が悪い事極まりない。と言っても、田舎を捨ててきた時にいろいろ捨ててきたろうなこいつ、と思わせるキャラ。真っ赤な革ジャンで法事の場に現れる。怒る父、それを庇う兄・稔（香川照之）。真面目な兄は父のガソリンスタンドを継いで地味に働いている。次の日、スタンドで働く幼なじみの千恵子を誘って、稔は猛と渓谷に向かう。子供の頃、家族で来た事のある懐かしい場所。そして、事件は起きる。

何故、千恵子は釣り橋から落ちたのか？　兄に突き落とされたのか？　事故だったのか？　弟はそれを見ていたのか？　いなかったのか？　真実は法廷に持ち込まれる。

それぞれの微妙な立場や心理状態、関係を丁寧に粘り強く描いていて、観客はその場その場で惑わされ、揺れる。誰の言っている事が本当で、何が嘘なのか？

裁判モノを観ていると、証言者が現れる度に何が正しいのか解らなくなります。と言いますか、正しい事というものは加害者、被害者との関係、立場によって変わるものなのです。自分には良い友達でも家では奥さんや子供を殴っていたり、下着を盗んでいたりするかもしれないし、良い夫であるために会社で横領しているかもしれません。何故か？愛人を作っていたりするかもしれません。何故か？は本人にも解らない。何処かで救いの手があればこんな事にはならなかったかもしれないし、何処をどう歩いてもこうなっていたのかもしれない。

でも諦めなければ、人間関係はやり直す事が可能なのだと信じたいです。

隠された記憶

Cache

監督：ミヒャエル・ハネケ
出演：ダニエル・オートゥイユ、ジュリエット・ビノシュ、アニー・ジラルド
製作年／国：2005 年／フランス、オーストリア、ドイツ、イタリア
DVD 発売元：タキ・コーポレーション

原題は「CACHE」、英語で「HIDDEN」。ダーツをやっている人はこういうゲームがあるので解りますね？　投げてみるまで狙わなければならない的が解らない、ターゲットの数字が隠されているというあれです。

ある日、匿名の荷物が届く。開けてみると、中にはタイトルの無いビデオテープが1本。観てみると、そこには自分の家が延々と映し出されている。嫌な感じ。誰が何のためにこんなものを送ってきたのか？　外に出てカメラの位置を確かめてみる。自分も映っていてカメラの横を通ったはずなのに、カメラを持つ人物を見た覚えが無い。その後もビデオは定期的に送られてくる。そのうち、知らない道やマンションが出てくる。そこには誰が住んでいるのか？　調べずにはいられない。何かの、誰かの意図があるはずなのだから。その人間が撮影したのか？　それとも他の誰かが？　そのうちに、子供が行方不明になる。ビデオを撮った人物と関係があるのか？

TVで人気キャスターを務めているジョルジュと妻のアン、小学生の息子ピエロ。何の問題も無いように見える幸せな中流階級の家族。これを崩壊させるのに必要なものは何か？　外から火を点けるか、中から点火するのか？

『ファニーゲーム』で恐ろしいゲームを考案した哲学者ミヒャエル・ハネケ監督の新たな提案。この人の冴え冴えとした知性は、毎回映画を現実の一部に感じさせてくれて恐ろしい。娯楽ばかりを追い求めるのではない、映画の可能性や意味を考えさせてくれます。是非!!

明日へのチケット

Tickets

監督:エルマンノ・オルミ、アッバス・キアロスタミ、ケン・ローチ
出演:カルロ・デッレ・ピアーネ、ヴァレリア・ブルーニ・テデスキ、
シルヴィア・ドゥ・サンティス
製作年/国:2005年/イタリア、イギリス
DVD発売元:ジェネオン エンタテインメント

オーストリアのインスブルック駅からイタリアのローマ駅まで、3枚のチケットと共に行く鉄道の旅。これは楽しかった! しかも監督が3人いるのにオムニバスではない。聞かなければ1人で撮ったと思うでしょう。とてもなめらかな群集劇です。

1枚目のチケットの監督はイタリアン、エルマンノ・オルミ。初老の大学教授はローマに帰るための飛行機が全便欠航のため、仕事相手のオーストリア企業の女性秘書に列車のチケットを手配してもらう。車中で教授はPCを開き、件の秘書に恋心を込めたメールを書き始め、若い頃の少女の思い出等も織り交ぜつつ妄想する。しかし、そこは大人。目の前の貧しいアルバニア移民達を見過ごす事が出来ない。

2枚目のチケットはイラン人、アッバス・キアロスタミ監督。翌朝、到着したイタリアの小さな駅で乗り込んで来たのは太った老婦人と息子のような年齢の青年。兵役義務の一環として将軍の未亡人である婦人が夫の墓参りをする、そのお守《も》りをしているのだ。これがとんでもなく気難しい女。車内で手当たり次第に客との喧嘩を繰り返す。

3枚目はイングランドからケン・ローチ監督。列車内のビュッフェではスコットランドのサッカーチーム、セルティックのユニフォームを着た青年が3人。愛するチームが欧州チャンピオンズリーグでASローマと準々決勝で当たるそのアウェー戦を、スーパーマーケットで稼いだ給料を積み立てて見に来たのだ。心浮かれる彼らは、ベッカムのTシャツを着ているアルバニアの少年にサンドウィッチを分けてやるが、その後乗車券が紛失、少年が盗んだと大騒ぎになってしまう。

見知らぬ人々と長時間を過ごす事になる列車という動く箱。背景の解らない人間達が接触した時、起きるトラブルや交流、不信や情愛。下車してしまえば、箱はそれら諸々の感情と共にゆっくりとやがてスピードを上げて視界から遠ざかる。

ダーウィンの悪夢
Darwin's Nightmare

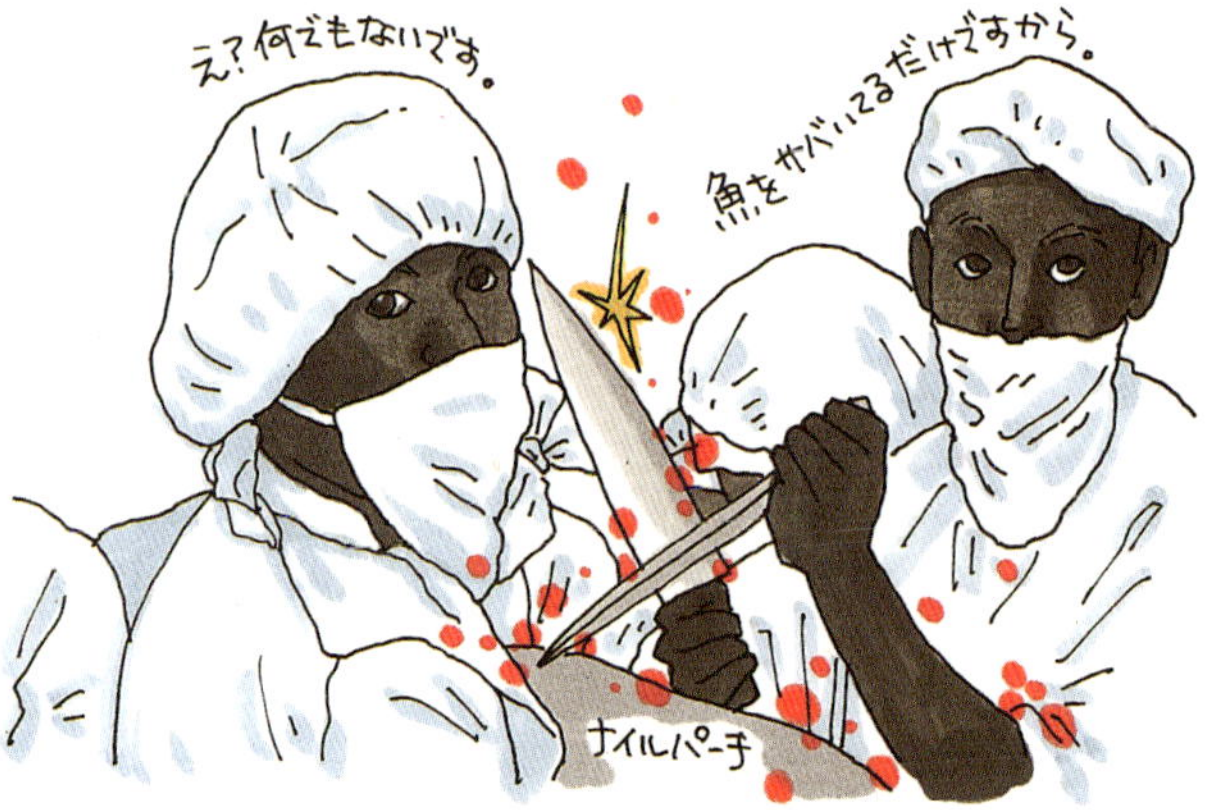

監督：フーベルト・ザウパー
製作年／国：2004年／フランス、オーストリア、ベルギー
DVD発売元：ジェネオン エンタテインメント

世界中の映画祭で話題をさらったドキュメンタリー。誰も無視する事が出来ない恐ろしい現実を観客に突きつける。この映画は、とにかく観る事に意味がある。

フーベルト・ザウパー監督は言う。「アフリカに飢えた子供達がいる事は周知の事実だ。しかし〝知識〟と〝意識〟には大きな違いがある。私は〝アート〟という伝達方法で、別の意識を提示する事が出来ると考えた。私の映画には何も新しい事は無い。ただ、知識に顔を与えただけだ。そうする事で、私達はただの〝知識〟を認識して、〝理解〟する事が出来るようになる、私はそう願っている」

アフリカ、タンザニアのヴィクトリア湖に生息する、巨大な外来魚ナイルパーチ。半世紀ほど前に誰かが湖にこの魚を放つと、それは在来魚を餌にして驚異的な勢いで増え続けた。淡白な白身は売れるので、湖畔の町ムワンザは一大魚産業を抱え栄える事になった。工場や漁に携わる仕事を求めて人々は集まり、しかし人が増えた分ストリートチルドレンも増え、娼婦やエイズも増え続ける。

三枚に下ろした魚のいいところは、ロシアから来た飛行機に積んでヨーロッパへ。骨や頭は地元の人間達が食べる。では、ロシアからやって来る飛行機は何を積んでタンザニアへやって来るのだろうか？　商売人はカラの飛行機をわざわざ飛ばしたりはしないものだ。おそらく、それは兵器類に違いない。「ヨーロッパの子供達はクリスマスに魚を貰い、アフリカの子供達は武器を貰う」

映画にはナイルパーチ加工工場のオーナー、娼婦達、軍隊に戻る事を願う漁業研究所の夜警、悪質なドラッグで眠るストリートの子供達、エイズを止めたいが宗教上コンドームを薦める事の出来ないキャンプの牧師、教師、画家、ジャーナリスト、ロシア人パイロット等、ナイルパーチに関わる人々がそれぞれの立場からこの魚について語ってくれます。

カポーティ

Capote

「冷血」以後作品を完成させていない。
恐ろしい惨劇にひかれてしまったカポーティは

監督：ベネット・ミラー
出演：フィリップ・シーモア・ホフマン、
キャサリン・キーナー、クリフトン・コリンズ・Jr
製作年／国：2006年／アメリカ
DVD発売元：ソニー・ピクチャーズ エンタテインメント

1959年11月15日、アメリカ、カンザス州ホルカムで起こったクラッター家の一家4人惨殺事件。犯人は2人の青年。金目当ての残忍な強盗殺人だった。当時、この事件に関心を持ち、後に小説『冷血』を書く事になるトルーマン・カポーティがこの映画の主人公。ノンフィクションを小説に書き上げるという手法、ノンフィクション・ノベル（カポーティ自らが命名）を作った男。

カポーティはまず記者会

見場に行き、事件を初めに発見した娘に会い、捜査部長のデューイ邸に出入りし、犯人が逮捕されると刑務所に足繁く通い、やがて犯人の1人、ペリーのノートを手にするまでになる。「君が〝怪物〟ではない事を世間の人達に知らせたいんだ」と説得して。世間公認の同性愛者であったカポーティは、ペリーに何らかの愛情めいたものを抱いていた節はあるが、小説のタイトルは「冷血」。ペリーにはまだ何も書いていないんだと嘘をつく。死刑が決まっているペリーは刑の延期や恩赦を願っているが、刑が執行されてくれないと小説のラストシーンを書く事が出来ないとカポーティはじれる。「冷血」とは、彼の事でもあるように見える。

　実在した人物を描いた映画は数あるけれど、人物に対する尊敬や事実が邪魔をするのか、もうひとつぴりっとしない事が多い。実際にあったエピソードを織り交ぜながら、伝説の人物のイメージを広げるのは難しいようです。

　この『カポーティ』をリアルに見せているのはひとえに、カポーティ役のフィリップ・シーモア・ホフマン。高い声で妙なリズムの話し方、独特なゼスチャーや癖。作家として事件をえぐりたい欲望と絶対売れるという商売根性で人でなしになりそうなところを、自分に対してすらごまかそうとしてごまかしきれず具合が悪くなっているところ等は、神経質で残酷な子供がぐずぐずとおねしょの言い訳をしているようで面白い。

　こういう友達は欲しいような欲しくないような。面白いけど気が許せません。

悪魔とダニエル・ジョンストン

The Devil And Daniel Johnston

監督：ジェフ・フォイヤージーグ
出演：ダニエル・ジョンストン、キャシー・マッカーティ、ジャド・フェア
製作年／国：2005年／アメリカ
DVD発売元：キングレコード、トルネード・フィルム

このドキュメンタリーを観るまで、この人の事を知りませんでした。ダニエル・ジョンストン。狂気と才能の狭間に住んで、イラストを描き作曲し歌を歌う。映画も撮ります。楽曲を高く評価されている人ですが、なんだか触ったら泣き出しそうな歌詞が胸に染みます。たとえば、失恋した時に作った歌。

「ぼくは自分を見失ってしまった　頭の中はからっぽ　道端で寝ているうちに頭を落としてしまったみた

い　忘れ物預かり所で聞いてみる　すみません頭を落としちゃって〝ごぶりなやつなんです〟〝これじゃないかしら?〟どうもご親切に　よく落とすんです」

子供の頃から絵を描いたり8ミリフィルムを撮ったり、とにかく創作する事が大好きで、掃除や芝刈りが出来なかったダニエル。アート・スクール時代に運命の女神ローリーに出会い、彼女の事を歌う。彼女が葬儀屋と結婚してからも。

2年半で100曲以上の曲を書き、自主制作のカセットを配る。ダビングを知らなかったため、注文された分だけ1本1本演奏して録音していたという。凄まじい熱意。

MTVのロケに飛び込みで出演、次の年にはオースティンのベスト・ソング・ライター賞とベスト・フォーク・アーティスト賞を受賞。成功まぢかに思えた矢先、薬に手を出して逮捕され、州立病院に入院。その後、入院と事件を繰り返し、精神病院からのラジオ出演。伝説の人になりつつあった頃、ニルヴァーナのカート・コバーン（のちに拳銃自殺）が1992年のMTVアワードで、ダニエルが描いたカエルのイラストTシャツを着ていた事から問い合わせが殺到。また人前に現れる事になる。

「割れた鏡のように粉々に砕けたぼくの夢　鏡に映るぼくも一緒に粉々　それでもぼくは粉々の夢と生きてきた」

今も彼は創作活動を続けている。悲しみに震え、悪魔に怯えながら。

イカとクジラ

The Squid And The Whale

監督：ノア・バームバック
出演：ジェフ・ダニエルズ、ローラ・リニー、アンナ・パキン
製作年／国：2005 年／アメリカ
DVD 発売元：ソニー・ピクチャーズ エンタテインメント

かねてより、ニューヨーク映画批評家協会賞の受賞作には外れが無いと思っていました。特に脚本賞受賞作品は。それだけではない、この作品はその辺の映画賞の脚本賞を総なめにしているのです。しかも、低予算！つまらないはずがありません。良く練られた脚本と絶妙な間合いがツボでした。

一見、平凡な4人家族がテニスを楽しんでいるシーンから映画は始まる。しかし、パパと長男組VSママと次男組の戦いは結構本気で険悪。ゲームはパパとママの口論でオーバー。

売れっ子作家目前の生命力溢れるママ、難解過ぎて誰もついて来れない作家で大学講師のパパ、しかし16歳の長男ウォルトはパパを尊敬している。学校の作文にパパの発言をそのまま引用してしまうくらい。12歳の次男フランクはママ似で長男よりもしぶとい。パパが「あいつはプロになれなかった駄目な奴だ」と認めないテニスコーチを「彼みたいになりたいんだ」と言い返す。何度言われても。しかも、コーチがママの浮気相手と解っても大人の態度を崩さない。偉いぞ、フランク！

ついに両親は離婚してしまい、パパは公園の反対側にぼろアパートを借りる。月曜、金曜、日曜はママの家、火曜、水曜、土曜はパパの家、木曜は隔週で双方の家を行ったり来たりする子供達。「猫は？」「猫も一緒に」もう少しまとめろよ、と言いたいところだが、これが映画的で面白い。当然、この面倒くささがトラブルを起こす事になり、それが子供達の心身を不安定にさせてゆく。まして思春期、性的な芽生えも手伝ってますますややこしい。

「イカとクジラ」のタイトルの意味はいろいろ解釈はあると思いますが、ラストの博物館のダイオウイカとマッコウクジラの壮絶な戦いを、オープニングのパパとママのテニスに重ねるのかなと思いました。

あるいは裏切りという名の犬

36 Quai Des Orfèvres

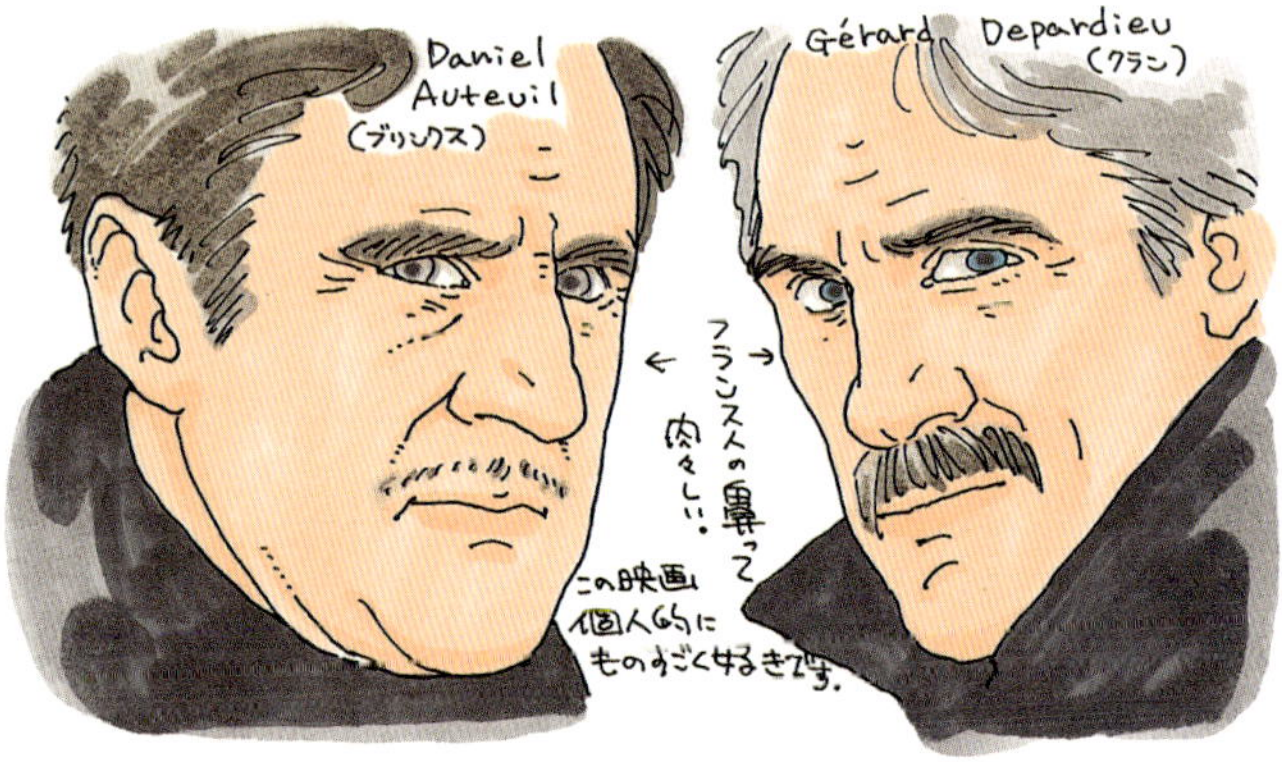

監督：オリヴィエ・マルシャル
出演：ダニエル・オートゥイユ、
ジェラール・ドパルデュー、アンドレ・デュソリエ
製作年／国：2004年／フランス
DVD発売元：アスミック

実話に基づく、かつてフランスの一時代を築いたノワール映画の再来。警察内の戦いと悪質な強盗団が絡んで容赦の無い展開。かっこいーおもしろーいとかちゃらちゃらすると、後ろから撃たれそう。イケメンもアイドルも出てこない、いぶし銀的暗黒映画。

シテ島、オルフェーブル河岸36番地のパリ警視庁に所属する2人の警視、昇進を望まず部下に慕われるブリンクスと権力志向の強いクラン。かつては友人同士で同じ女性カミーユを愛し、今彼女はブリンクスの妻になっている。彼らはそれぞれのチームを率いて事件にあたっているが長官の昇進が決まり、2人は次期長官の候補に挙がる。

その頃、パリでは現金輸送車強奪事件が多発、1年半で7件、9人が殺されていた。事件の担当に長官が任命したのはブリンクス。そこにクランが計画への参加を直訴。犯人逮捕計画実行の日、クランが先走り警官が撃たれ犯人の1人は逃走。ブリンクスが犯人を追い詰めている頃、クランはブリンクスが情報屋にはめられ殺人事件のアリバイに利用された事を上層部に密告。ブリンクスは逮捕されクランはめでたく長官になるが……。

重厚で冷ややかで、どのシーンにも気持ちの入った丁寧な作品でした。正義の暴力か権力の暴力か金銭の暴力か。でも、とりあえず暴力。暴力を美化する事は避けたかったという脚本・監督は、警察官だった経歴を持つ人で、役者でもあり、この映画はブリンクス役のモデルにもなった先輩の警察官ドミニク・ロワゾーに捧げられています。ロワゾーはまたこの映画の共同脚本、運転手等で現場にも参加しています。

元警官や刑事の監督とか役者って日本ではあまり聞きません。こんなに刑事モノの好きな国なのに、どうしてでしょうね？

ブラック・ダリア

The Black Dahlia

「ブラック・ダリア」役のミア・カーシュナー →
ビデオの中にしか出演してないとこが
よろしいです。

監督：ブライアン・デ・パルマ
出演：ジョシュ・ハートネット、アーロン・エッカート、スカーレット・ヨハンソン
製作年／国：2006 年／アメリカ
DVD 発売元：東宝東和

映画界の奇才ブライアン・デ・パルマがアメリカ文学界の異端児ジェイムズ・エルロイの代表作『ブラック・ダリア』を手がけた。これは観なくてはならない、そう思った人は多いはずです。デ・パルマという名前は映画ファンの間ではそれだけで意味を持つ。「やっぱり、デ・パルマだよね」「仕方ないよ。だって、デ・パルマだもん」「デ・パルマなのに、これでいいのか?」等々。

1947年ロス市内の空き地で、腰から真っ二つに切断され、口を耳まで裂かれた若い女性の遺体が発見された。被害者はハリウッド女優になる野望を持ちながらも、娼婦のような生活を送っていたエリザベス・ショート。世界一有名な死体となった哀れな女を世間は映画にちなんでこう呼んだ「ブラック・ダリア」。

捜査にあたったのは、バッキー・ブライカートとリー・ブランチャード。かつてはボクサーとして対戦した事もある2人。ミスター・ファイアとミスター・アイス。孤独に生きてきたバッキーは、リーとリーの恋人ケイと3人でいつも非番の日を送っていたが、「ブラック・ダリア」に関わって以来、事件にのめり込んでゆくリーを止められず、関係は次第に変わってゆく。

一方、バッキーはエリザベス・ショートを追ううちに、レズビアンバーを徘徊する彼女にそっくりな女マデリンと出会う。彼女はハリウッドの土地開発で莫大な財産を築いたエメリット・リンスコットの娘。話はさらに複雑に展開してゆく。

こんなに込み入った話を解り易くスタイリッシュにまとめようとすれば、原作の持つ何処か下品で安っぽく、そのくせしぶとくて後暗い雰囲気が薄まってしまうのは仕方がないと思えます。でも、女優達はクラシカルな美人だし、画もきれいで観ごたえがありました。

とりあえず「頑張ったな、デ・パルマ」という事で。楽しめました。

麦の穂をゆらす風

The Wind That Shakes The Barley

監督：ケン・ローチ
出演：キリアン・マーフィー、ポードリック・ディレーニー、リーアム・カニンガム
製作年／国：2006年／アイルランド、イギリス、ドイツ、イタリア、スペイン
DVD発売元：ジェネオン エンタテインメント

1920年、アイルランド。長いイギリスの支配のもとで、アイルランドの人々の生活は苦しく屈辱的なものだった。ゲール語（アイルランド語）を話す事もハーリング（アイルランド独自のスポーツ）を楽しむ事も禁じられていた。一部、イギリスに協力的な富裕層を除いて、人々は独立運動に身を投じてゆく。

アイルランド南部の町コーク、ロンドンの病院で仕事が決まっていた青年デミアンは、町を離れる前に友達とのハーリング後、幼い頃から世話になっていたペギー一家を訪ねるが、そこにブラック・アンド・タンズ（イギリスの武装警察隊）が現れ、尋問の際ペギーの孫17歳のミホールが理不尽に殺される。名前をマイケルと英語で名乗らなかったために。デミアンは医者の仕事を諦め、兄と共に独立運動の道を選ぶ。後にイギリス軍を撤退させるも、今度は条約の内容についてアイルランド人同士で争う事になるのだが。

とても寒そうなみどり色
哀しいお話にひたるのではなく教訓にしたいもので

監督のケン・ローチはイギリス人なので、イギリスでは物議をかもしたようですが、単にイギリスを罵るような映画にはなっていません。卑劣な者は何処にでもいると言っているように見えます。また、愛する者同士でも殺し合う事があり、正義の名のもとに虐殺が行われているのも事実だと言っているのです。むしろイギリスを愛する人だから、そして映画人だからこそ撮るべきだという信念と良心のもとに作られた作品なのではないでしょうか。

またこの映画は、緑が強く印象に残されるように撮られています。ハーリングを楽しむ草原の緑、人々が逃げ惑う緑の道、家族が暮らす家の周りも緑でいっぱい。アイルランドが豊かな国である事を教えてくれます。

ピンチクリフ グランプリ

Flåklypa Grand Prix

監督：イヴォ・カプリノ
製作年／国：1975年／ノルウェー
DVD発売元：キングレコード

1975年に母国ノルウェーで公開され大人気を博した映画が、30年以上の年月を経なければ海を越えられなかったのは怠慢以外の何ものでもないけれど仕方がない。映画は観るべき人が観なければ無かった事になってしまう文化なのだ。

それはさておき、この映画はオープニングのシーン、ピンチクリフ村の小さなTV局のカメラマンがスタッフの名前を映しているところからもうかわいらしい。きっと、監督の頭の中にはあらかじめピンチクリフの村があり、そこに住む人々がいて、ごちゃごちゃした部屋や山の中を抜けるトンネル、そこを走って行く車、歯をくいしばるキャラクターの表情があったのだと思われます。人形アニメは根気と美意識がすべて。妥協を許さず、時間を惜しまず、とんでもない熱情をかけて作られるものなのです。

小さなピンチクリフ村の外れ、切り立った崖の上に自転車修理工レオドル・フェルゲンは住んでいる。行動的で前向きなあひるのソラン、臆病で何事にも後ろ向きなハリネズミのルドビグと共に。ある朝、新聞に目を通すと、そこにかつてレオドルの弟子だった男ルドルフが、グランプリレースに出場するという記事が載っている。負け無しのスーパーカー「ブーメラン・ラピド号」それにはルドルフがレオドルから盗んだエンジンが載っているのだ。それを知ったソランはなんとしてもルドルフに勝つ車を新たに作ろうとレオドルを説得、アラブの石油王をスポンサーにつけて資金を得る。最高のエンジンを乗せたスーパー・クラシックカー「イル・テンポ・ギガンテ号」。だが、そこにルドルフの黒い陰謀の手が。果たして、グランプリレースの結果や如何に?!

もちろん正義は勝つ訳ですが、見所はそうではないところに満載。何度観ても何処を観ても面白い、とても贅沢なアニメです。個人的にはレオドルの家の中と、車を作っている過程が楽しかった。剥き身のエンジンには色気があります。

善き人のためのソナタ

Das Leben Der Anderen

監督：フロリアン・ヘンケル・フォン・ドナースマルク
出演：ウルリッヒ・ミューエ、マルティナ・ゲデック、セバスチャン・コッホ
製作年／国：2006年／ドイツ
DVD発売元：アルバトロス

1984年、東西冷戦下の東ベルリン。国家保安省（シュタージ）局員のヴィースラー大尉は上司であるシュタージ文化部部長グルビッツから、劇作家ドライマンと愛人の女優クリスタが反体制的である事の証拠を掴むよう指令を受ける。成功すれば、出世が待っている。ヴィースラーはすぐに仕事に取り掛かった。ドライマンの隣人に口止めし、屋根裏に監視室を作り24時間体制で盗聴を始める。ドライマンの誕生パーティの夜、国家から活動を禁止されている演出家のイェルスカからドライマ

ンに『善き人のためのソナタ』の楽譜が贈られる。「この曲を本気で聴いた者は、悪人になれない」イェルスカが自殺した夜、盗聴器でこの曲を聴いたヴィースラーの目からは涙がこぼれ落ちる。一方、ドライマンは政府が公開しない情報、東ドイツの自殺者が異様に多い事を西側のメディアに流そうと決心する。それは壁が崩壊するわずか5年前の事。

　他人を24時間体制で盗聴する人物が主人公とあって、シンプルで粘り強く、静かにじわじわと効いてくる作品です。他人の生活や性癖、信念や勇気や苦悩を見る事で己の身を省みたり、今まで考えた事も無かった事に目覚めたりする。それは映画を観る事に少し似ています。自分には決してあり得ないアクション、いつも蔑《ないがし》ろにしていた事、大スクリーンに堪え得る美しい人々。何かが少し変わったような気がする、あの感じ。

　映画は映画館を出て暫くすれば現実感が戻り、ひとつの部品のように頭の中の引き出しにしまってしまえますが、もっと生々しい他人の生活そのものを動かずにただ聴き続ければ、揺さぶられて行動を起こす人間がいても不思議ではありません。

　もっとも「HGWXX／7」と、数字で呼ばれる囚人のような人々のほとんどは、そんな事で心を動かされる事は無いでしょう。命や生活を危険にさらしてまで他人を救おうとするのは「人間」だけですから。

グアンタナモ、僕達が見た真実

The Road To Guantanamo

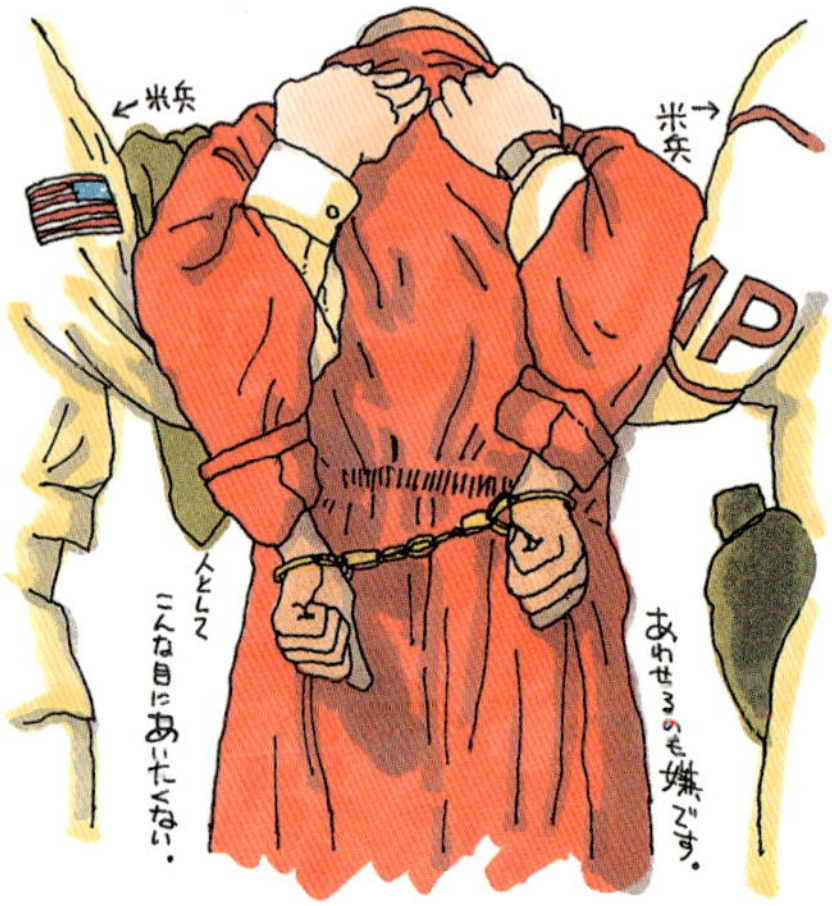

監督：マイケル・ウィンターボトム、マット・ホワイトクロス
出演：アシフ・イクバル、ローヘル・アフマド、シャフィク・レスル
製作年／国：2006年／イギリス
DVD発売元：クロックワークス

2001年9月、ニューヨークで9・11のあったその月、イギリスのバーミンガム州ティプトンに暮らすパキスタン系イギリス人、アシフ・イクバルは結婚式を挙げるためにパキスタンに向かう。同じくイギリスに住む3人の友人、ローヘル、シャフィク、ムニールを式に招待し、カラチで4人は合流する。そこで隣国アフガニスタンが米軍の侵攻で悲惨な状態にある事を聞きつけ、状況を自分達の目で見てみよう、自分

達に出来る事は無いかと国境を越える。しかし、そこで戦闘に巻き込まれ、ムニールは行方不明に。さらに3人は、北部同盟軍に拘束されアフガニスタンのシェベルガーン収容所を経て、キューバのグアンタナモ・ベイにあるアメリカ軍基地内の収容所、キャンプ・Xーレイに移送される。

役者を使って再現されたストーリーの合間に、実写やニュース、本人達のインタビューが何度も挟まれるという構成をとっているこの映画。フィクションの場合、ラストが解ってしまうとつまらなかったりもするものですが、これに関してはほっとします。良かった。この人達は、少なくとも4人のうちの3人は生きて帰って来たのだと。殴ったり蹴飛ばされたりする訳ではないからといって、人間を痛めつける方法は他にも山ほどあるのだと知らされます。動かさず、しゃべらせず、辱める事。

まったく無実の人間達がこんな目に遭って良いはずはなく怒りも感じますが、もし自分が米軍側にいたらどうでしょうか？　宗教も価値観も外見も違う人々の中から、どうやってアルカイダを見分けるのか？　もし、間違えて解放してしまったらどうするのか？　しかし、根っこに人種差別的偏見と恐怖がある事は間違いなく、9・11はそれを助長させ、暴力に口実を与えたと言えます。

最後にアシフ達3人が「今となっては、この事が自分を成長させた」と言っている事がせめてもの救いでした。確かに、彼らは拘束される以前より敬虔なイスラム教徒となっているようです。

鉄コン筋クリート

Tekkon Kinkreet

監督：マイケル・アリアス
製作年／国：2006年／日本
DVD発売元：アニプレックス、小学館

原作は天才漫画家・松本大洋。個人的に大好きな作家です。だから、観る目も厳しくなりますが、そういう人は多いでしょう。どんな映画も原作を読んでいると言いたくなるものです。「イメージ違うんだよね。原作は3倍面白い」と。だから、それは置いておいて映画は映画として観るのが正しい。

架空の街「宝町」。ここに暮らす野良猫のような子供2人「クロ」と「シロ」。

クロはこの街を守る守護神として、シロを抱きかかえて生きている。その存在そのものが切ないとおしい。この感傷的な世界観に対象として必要なのが強く大きな敵、そして大人達。

この話は子供が大人になる過程で必要な、自分と他人と世界との混乱した関わりをどうやってすり合わせて収めるのかというのがテーマなのだと思います。

どんな子供の中にも「宝町」があり、「クロ」がいて「シロ」がいる。チーマーみたいな「チョコラ」や父親的存在のヤクザ「ネズミと木村」、母親的存在の刑事「藤村と沢田」がいる。外からやって来て街を破壊的に掌握しようとする「蛇」とその手下の殺し屋「龍」「蝶」「虎」と戦い、「シロ」を、街を守らなければならない「クロ」は自分の自我であり核だけれど、実はこれをコントロールするのが最も難しい。暴力や感情では解決出来ない問題が多々あるという事がうすうす解ってきているから。

というふうに観てゆくと、ラストの観念的なイメージシーンは無理も無いのかもしれない。もっと具体的な映像にしてもらいたかったので少し物足りなくはあるけれど、かなり頑張って伝えようとしているのは解ります。

ともあれ、街の画は素晴らしい。最近のアニメは、もう本当に精度が高くてため息が出るばかり。キャラクターの動きもかわいらしかった。

バベル

Babel

監督：アレハンドロ・ゴンサレス・イニャリトゥ
出演：ブラッド・ピット、役所広司、菊地凛子
製作年／国：2006 年／メキシコ
DVD 発売元：ギャガ・コミュニケーションズ

遠い昔、言葉はひとつだった。神に近づこうと人間達は天まで届く塔を建てようとした。神は怒り、言われた。〝言葉を乱し、世界をバラバラにしよう〟やがてその街は、バベルと呼ばれた。(旧約聖書創世記11章)

初めてこのタイトルを聞いた時は、SFか犯罪モノだと思いました。その後、菊地凛子がアカデミー賞の助演女優賞にノミネートされて、彼女が聾唖の女子高校生役だと解ると、少なくともSFではなさそうで、しかしいったいどんな話なのかと改めて興味がわきました。

モロッコで放たれた1発の銃弾はアメリカ人夫婦の帰国を遅らせ、そのせいでアメリカに残っていた2人の子供がメキシコに連れて行かれる事になり、銃そのものは日本からモロッコ人の手に渡されたものだった事が解る。4カ国語で語られるすれ違いの物語。言葉は誤解を生み、想いは届かず、思いもかけない結果をもたらす。悪意のある人間は1人もいない。果たして、彼らは平和を取り戻す事が出来るのか？ メキシコ人の乳母アメリアの「私は悪い人間ではありません。ただ、愚かなだけなんです」というセリフが印象的です。

2時間半は長いかなと思いきや、最後まで興味を失う事なく、いろいろ考えさせられて余韻の残る良い映画でした。監督はメキシコ人で、そのせいか、メキシコの結婚式のシーンは楽しく、人々は貧しく善良で素朴でした。モロッコ人もね。日本人は金持ちでからっぽな感じ。ファミレスやクラブや街頭で虚しい笑いを浮かべる。

それにしても、アメリカの白人夫婦は子供を置いてモロッコまで行かないと、真面目な話が出来ないんだろうか？ 何処までも傲慢な人達として描かれていました。

ボルベール——帰郷

Volver

監督：ペドロ・アルモドバル
出演：ペネロペ・クルス、カルメン・マウラ、ロラ・ドゥエニャス
製作年／国：2006 年／スペイン
DVD 発売元：ギャガ・コミュニケーションズ

失業中の夫と15歳になる娘パウラを1人で支えて、たくましく生きるライムンダ。しかし「おまえは実の娘ではないから」と父親に迫られたパウラは、身を守るために父親を殺害してしまう。仕事から帰ったライムンダは娘のために夫を埋めに行く。その頃、ライムンダの叔母が亡くなり、姉ソーレのもとには10年以上も前に火事で亡くなったはずの母親が現れる。ライムンダがある時から心を閉ざしてしまった母親が。

ストーリーを説明しようとすればするほど訳が解らなくなる。それがアルモドバル。

この人の映画はいつも愛に溢れていて、混乱している。もし、この話を別な監督が撮ったとしたらどうだろうか？ 整然と人を並べて正しい意味をくっ付けて撮ろうものなら、その瞬間に映画は命を失うだろう。また、スキャンダラスな面ばかりに囚われると、それははけばけばと虚しいものになってしまう。アルモドバルの作品は愛の気持ちで観なければ面白くないし、理解も出来ないのだと思う。

日本には「殺しても良い人間などいない。自首して罪を償い、新しい人生を送りなさい」という風土病のような思い込みがあるけれど、殺人が悪い事であるのはともかく、裁判を受けて刑務所に入る事で果たして人の罪は償われるのだろうか？ ケース・バイ・ケースとはいえ、根本的な「罪」と「贖罪」の考え方がキリスト教圏では違うような気がする。まして、アルモドバルとは。

「罪」と「贖罪」と「罰」に独自の解釈をしていることの映画の脚本が、世界で受け入れられている事に少し安心している自分でした。

クィーン

The Queen

これオープニングなんですけど
タイトルが出る時の顔に
もう感動。

監督：スティーヴン・フリアーズ
出演：ヘレン・ミレン、マイケル・シーン、ジェイムズ・クロムウェル
製作年／国：2006年／イギリス、フランス、イタリア
DVD発売元：エイベックス・マーケティング

世界中、とは言わないけれどみんなが知っているイギリスのエリザベス女王、正式にはエリザベス・アレクサンドラ・メアリー・ウィンザー。50年以上に亘って女王の地位を維持している彼女を、これは擁護する映画。に見えました。スティーヴン・フリアーズ監督は女王陛下が好きなのかな？

もっとも、イギリスに限らずマスコミの意地汚さとずうずうしさは恐ろしいから、バッシングされている人をかばってあげたくなりますけど。

ともあれ、この映画ではダイアナ妃が亡くなる直前から、スコットランドの田舎パルモラル城に引きこもっていた女王がバッキンガム宮殿に戻り、生中継で声明が発表されるまでを描いている。相手役はブレア首相。ブレアの妻、フィリップ殿下、大鹿、そして犬達。女王の寝室や朝食風景、車を自ら運転するところ等が印象的で、人としての女王が仄《ほの》見える。

もう、とにかく主演のヘレン・ミレンが素晴らしい。この人『コックと泥棒、その妻と愛人』や『第一容疑者』から大好きなんですけど、まったく皺がこんなに美しい人はいません。それに何が凄いって、セリフが極力少ないのに〝見せる〟。ずうっと見ていたくなる。緊張感があって深みがあって、語弊を招くかもしれませんが面白いんですね。顔が。堪能しました。

まあ、信じられないのはフィリップ殿下で「母親を亡くして悲しんでいる子供（王子）達を鹿狩りに連れて行こう。気晴らしになるぞ！」。文化の違いを感じざるを得ませんでした。

パパにさよならできるまで

Diskoli Apocheretismi: O Babas Mou

監督：ペニー・パナヨトプル
出演：ヨルゴス・カラヤニス、ステリオス・マイナス、イオアンナ・ツィリグーリ
製作年／国：2002年／ギリシャ、ドイツ

タイトルを見ただけで、ああ、パパいなくなっちゃうんだねって思って辛い気持ち。その通りで、観たらもっと寂しい気持ち。

しかし画がきれいで、久々にどのショットにも細やかで美しい気持ちが込められている映画を観たと思いました。オープニングのちっちゃな手書きの宇宙船や、夜の庭に立つ子供。テントの中にいる子供の影と会話する母親のシーンも素敵でした。構図や色にわざとらしくない工夫があって、そういう意味では最後までいい気持ちでもありました。

1969年6月。アポロ11号の月面着陸を40日後に控えたギリシャ、アテネ。10歳の少年イリアスは、朝目を覚ました時に足元にあるチョコレートの包みに気がついて大喜び。これは仕事で旅に出る事の多いパパが帰って来た印なのだ。毎日いらいらしているママや4つ年上の兄アリスよりも、宇宙の話をしたり車に乗せて遊んでくれるパパが大好き。イリアスはチョコレートを箱に溜め込んでパパの元へ走る。

もちろんこの後パパはいなくなってしまうのだが、イリアスは認めようとしない。月面着陸の日に帰って来ると約束したからだ。パパの背広を着て耳をふさぎ、パパの代わりにぼけてるお婆ちゃんに手紙を書いて出して（必ず下の息子を褒める事）、チョコレートはクラスの子供達にパパのお土産だと言って配りまくる。いったいどうやって現実を受け入れるのか？　息子の様子を見ていて溜まりかねたママはパパの荷物をぶちまける。母親もまた打ちのめされているのだ。

ところでギリシャの名前ってテオドシウスとかクリストスとか、歴史の教科書の始めの方にありそう。アリスってアリストテレスの略かしら？

劇場主のひとりごと nº5

バフマン・ゴバディ、あるいは民族意識を背負った映画達

クルド語による世界で唯一の映画と謳ったゴバディ監督の『酔っぱらった馬の時間』これに胸を打たれて泣いてから観ています。素晴らしかった。その後の家族モノ『わが故郷の歌』、親の無い子供達を扱った『亀も空を飛ぶ』も良かったです。あまりにも文化や環境が自分とは違うので、ここで笑っていいのかなあとか、地雷を踏んで足を無くした子供を見て泣くのは不遜ではないのかと思ったりもしつつ、いや、あちらがどう思おうと面白いと思えば観客は何処で笑っても泣いてもいいのではないかと腹を括りました。

作品は作り終わって人の手に渡してからは別のものになります。ぼろくそに言われようが持ち上げられようが、踏まれようが捨てられようが、作り手達には関係ないです。描きたかった事が誰かに伝わればいい、その人数が問題なのではない、相手が誰なのかを問う事は無意味。そう思わないと描ききれないところがあります。もちろん、観た人達がどう思うのかに

興味があるでしょうが。

少なくとも、ゴバディ監督にとって大事なのはクルド語で語るという事、映画として面白く作る事によってクルドの人々の文化や生活を世界にアピールする事。作品を作りたいという自身の欲求はもちろんですが、その時一番深く理解し描ける事は何だと問うた時、このような映画になったのではないでしょうか？　とても知的で感情豊かです。

そう思って他の映画達のタイトルを見直してみると、どれも自分や自国のルーツを背負っているように見えます。最大の多民族国家であるアメリカもまたその歴史と国民意識を代表しているように思えます。ぼんやりと豊かで、危機管理能力の低下している日本もまたそれを反映しています。問題そのものや敵が見えづらい世界で、言いたい事や撮りたい映像を創造するのもまた難しいものです。

プレステージ

The Prestige

監督：クリストファー・ノーラン
出演：ヒュー・ジャックマン、
クリスチャン・ベイル、スカーレット・ヨハンソン
製作年／国：2007 年／アメリカ
DVD 発売元：ギャガ・コミュニケーションズ

オープニングは天才マジシャンの舞台上の死。逮捕されたのは長年のライバルであるやはりマジシャン。現場にいた彼は果たして犯人なのか？　それとも事故だったのか？

『メメント』のクリストファー・ノーラン監督の作品。『メメント』は記憶が10分しか持たない主人公がわずかな記憶、キーワードを身体に刺青で残して自分を探すという、なかなか手の込んだお話でしたが、今回も身体を張ったトリッキーで複雑なミステリー、しかも大掛かり。

血生臭いエンターテインメントです。

19世紀末のロンドン。〝瞬間移動〟なるマジックの仕掛けを巡って戦うボーデンとアンジャー、互いのステージを観に行く時も変装するほど意識し合っている。そもそもは奇術師ミルトンの下で共に修行していた2人だが、ミルトンの助手でアンジャーの妻だったジュリアが水中脱出のマジックに失敗して死んでしまう。アンジャーは確信を持ってボーデンを問い詰める。「彼女の腕を縛ったのはおまえだ。わざと失敗したんじゃないのか」ボーデンは答える。「覚えていない」そこから血で血を洗う争いは始まるのだ。アンジャーの助手、美しいオリヴィアもいつしか2人に巻き込まれて、マジックの仕掛けのひとつのように翻弄されてゆく。

命を削るようにマジックに人生をかける男達。固執する〝瞬間移動〟には恐ろしいトリックが隠されているのですが、その他のマジックの数々もかなり残酷で恐ろしい。

人間、本当の事は知らない方が幸せなのかもと思う事もしばしば。失敗するマジックなんか見たくないのだ。良く出来た嘘で結構。と言いながら、どうしてみんなネタばらしとか裏話とか好きなんでしょう？　破壊衝動のひとつなんでしょうか？

個人的には奇才発明家ニコラ・テスラをデヴィッド・ボウイが演じていたのが嬉しかったです。

図鑑に載ってない虫

The Incects Unlisted In The Encyclopedia

監督：三木聡
出演：伊勢谷友介、松尾スズキ、菊地凛子
製作年／国：2007年／日本
DVD発売元：JVCエンタテインメント

三木聡監督の『イン・ザ・プール』『亀は意外と速く泳ぐ』『ダメジン』に続くもの。TVでは『時効警察』のと言えば、ああ、あの小ネタの、と解る人も多いでしょう。

私の中では「シティボーイズ」の三木聡なんですが、本人も周りも知らないかしらね。舞台も小ネタのオンパレードですが、これが映画になるとそうはいかない、大筋で引っ張っていかないと観客は飽きてしまう。その辺がこの映画、良かったと思いました。

月刊『黒い本』の女編集長（水野美紀）に無理やりルポを引き受けさせられたライターの俺（伊勢谷友介）が、相棒というか変人エンドー（松尾スズキ）、SMクラブ（店長？ SMの女王様に片桐はいり）で知り合ったサヨコ（菊地凛子）と共に、正体不明の〝死にモドキ〟を使って臨死体験してくる取材にあたるというロードムービー。ちょっとだけ死んでみる事が出来るという〝死にモドキ〟は本当に見つかるのか？ 存在するとすれば何処に？ 誰にあたれば情報は手に入るのか？ これが本線。宝物探しの話はシンプルで楽しいものです。

しかしそこは三木聡、そして松尾スズキ。横道にそれる事それる事。いい加減でテキトー。生まれ変わったら、こんな風に旅が出来る人間になってみたいです。

最後にたどり着く島は、映画好きなら必ず笑えます。だって、そこは小規模な『地獄の黙示録』的世界。頭に赤いバンダナを巻いたカメラマン真島（松重豊）は『ディア・ハンター』のクリストファー・ウォーケン‼ 似てる！ 確かに！ 一番盛り上がるお宝発見に続くシーンで腰を砕けさせるあたり、ほんとに食えない人達です。

他にも鯉幟のシャツを着たヤクザに岩松了、その奇怪な子分にふせえり、モツ煮込み屋の親父に笹野高史と、名脇役がずらり。まともなのはサヨコの母親役、高橋恵子くらい？ この人が涼しくて効いていました。ほんとにばかばかしくて楽しい旅でした。

グエムル——漢江の怪物

The Host

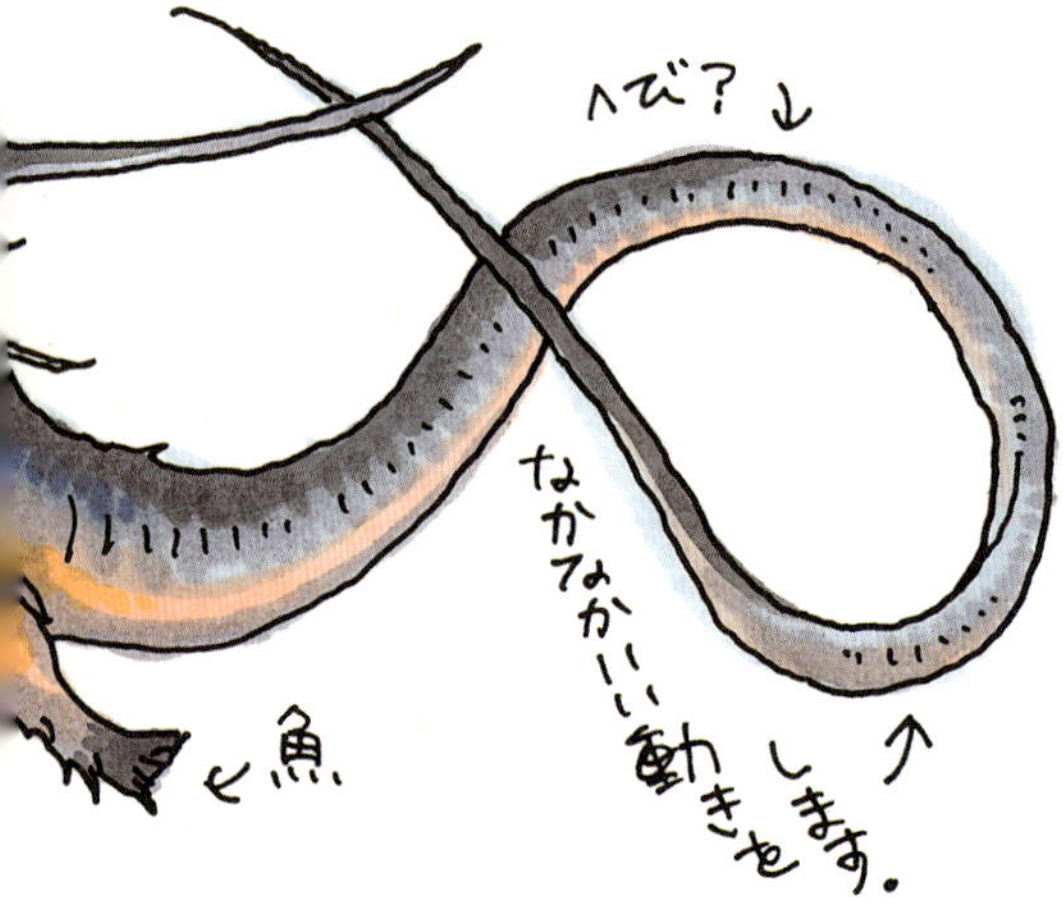

ある日突然、ソウル市を流れる大きな川、漢江の河岸に現れた怪獣グエムル。人間を餌にして下水溝に住みつき、川に渡された大橋の欄干にしっぽで巻きついてたまにはお昼寝。走れば『ジュラシック・パーク』のティラノザウルスや『エイリアン』のように速く、泳ぐ事も出来、大食いで意地汚いが何処か憎めない。それはこの怪物が生きてゆくために、自身としては普通の事をやっているだけだからだ。何故、こんな生き物が生まれてきたのかは解らない。ただ、韓国では在韓米軍による漢江の化学汚染が問題になっている事から、放射性物質による突然変異で現れた『ゴジラ』のようなものかもしれない。

映画はグエムルとグエムルに娘をさらわれた、というか食べられたパク一家の戦いの物語。さらにグエムルが持つとされるウィルスの汚染を防ぐためと称し

監督：ポン・ジュノ
出演：ソン・ガンホ、ピョン・ヒョボン、パク・ヘイル
製作年／国：2006年／韓国
DVD発売元：ハピネット

て、彼らを隔離しようとする政府との戦いでもある。お話もなかなかきっちりと作り込まれています。

はっきり言ってこの映画、この監督、好きです。お父さんが犠牲になってライフル持って1人でグエムルに立ち向かい、長男、次男、娘に叫ぶ。「おまえ達は逃げろ！　孫娘を頼む！　必ず助けてくれ！」と、最後の1発を撃ってみると「あれっ？　うそ？」弾が出ない。もう、ただグエムルに食われるだけ。なんだか漫画っぽい。そういう意地の悪い、恐怖とすれすれで笑うしかないシーンがたくさん仕込まれていて、面白いリズムを作っています。

映像も怪獣モノなのにとてもきれいでクリア。でも、実は怪獣モノというよりも動物パニックサスペンス。なので、最後グエムルが殺されるシーンは哀れで悲しかったです。絶対飼いたくないけど。

ダック・シーズン

Temporada De Patos

監督：フェルナンド・エインビッケ
出演：ダニエル・ミランダ、ディエゴ・カターニョ、ダニー・ペレア
製作年／国：2004 年／メキシコ
DVD 発売元：キングレコード

メキシコ映画。低予算映画のお手本みたい。かわいくて良く出来てます。つい、勢いでDVDを買ってしまいました。なんだか、今買っておかないと、二度と会えなくなるような気がして。

14歳のフラマは母親に留守番を頼まれて、仲良しのモコと2人で日曜日を家で過ごす事に。TVゲームやポルノ雑誌を肴に、ポテトチップスとラージサイズのコップにたっぷりのコカコーラで時間を潰していた。すると、玄関のチャイムが鳴る。隣の娘リタが、うちのオーブンが壊れたのでここでケーキを焼かせてくれと言う。渋々、彼女を家に入れてやるフラマ。リタを放って置いてゲームを続ける2人だが、いきなりTVがプツンと切れる。停電だ。仕方がないので金も無いのにピザを頼み、ストップウォッチをカチリ。果たして、ピザ屋はエレベーターの無いマンション803号室に30分で着く事が出来るのか？

このピザ屋のお兄さんがまた面白い。ピザの代金を払う払わないで、2人の子供相手に本気でサッカー対戦ゲームを始める。ゴールが決まったか？　と思ったら、また停電。もめるフラマとピザ屋、リタに頼まれてケーキ作りを手伝うモコ。思春期の少年2人と少し年上の少女とバイトで食いつなぐゲーム好きの大人。4人の日曜日は、人の取り合わせでそれぞれの問題を浮かび上がらせたり喧嘩をしたり心和んだりしながら進む。遭難船や無人島に残された人達みたいに。

閉じ込められた人々の物語は問題を簡潔にしてくれるので解りやすいけれど、その分細かいエピソードやディテールの面白さ、使われる小物等にセンスが問われますが、これは楽しかった。モノクロってところがまたいい感じです。

厨房で逢いましょう

Eden

監督：ミヒャエル・ホーフマン
出演：ヨーゼフ・オステンドルフ、
シャルロット・ロシュ、デヴィット・シュトリーゾフ
製作年／国：2006年／ドイツ、スイス

人は恋をしている時、恋愛している時、痩せてきれいになると言う。一理ある。食欲を忘れていろいろ思い悩んだり、食べるより他にやる事があれこれあるからだ。鳥のように羽の色を極彩色に変え、猿のように踊って異性の気を惹き、牛のように同性に喧嘩を売って体力を誇示。人間としてはうんちくを垂れて知的遺伝子をアピールする。

だから、この映画はいびつな恋愛映画と言える。料理を通して恋をし、想いを伝え、人の人生を変えてしまうのだから。恋をしてデブになるくらい意外な物語。

グレゴアはレストランのオーナーで天才シェフ。お店は向こう1年の予約が埋まってしまうほどの人気振り。彼の料理を食べている人々が皿に向かっている時、それはそれはうっとりと己の欲望の世界に身を浸し、妄想のエロスに舌鼓を打つ。それは何故か？　作り手のグレゴアが料理以外に欲望を持たない孤高の料理人であるからに他ならない。そんな男が人間の女性を好きになってしまったら、彼の料理はどうなるのだろうか？　一心不乱に食べ物の事しか考えず、食材にしか愛情を持たなかった男が恋をしたら？

だが、グレゴアが好きになった女性には夫と子供がいる。もう1人子供が欲しいと思うくらいには夫を愛している。彼女はグレゴアの〝エロティック・キュージーヌ〟に恋をしているが、バカでかい腹を抱える巨体に肉体的なセクシーを求めてはいない。

いや、さすがドイツ系映画です。出てきた料理を食べたいとは思いませんでしたが、がっちり組まれた物語は完璧。人間の微妙で奇妙な感情をこう正確に描かれると唸ります。良く出来てました。

ブラインドサイト
――小さな登山者たち

Blindsight

すばらしい子供達とそれを守る人々。

監督：ルーシー・ウォーカー
出演：サブリエ・テンバーケン、エリック・ヴァイエンマイヤー
製作年／国：2006年／イギリス
DVD発売元：ジェネオン エンタテインメント

アメリカ人登山家エリック・ヴァイエンマイヤー、盲人として初めてエベレスト登頂を果たした彼に感銘を受けたサブリエ・テンバーケンは、一通のメールをエリックに送る。

彼女はチベット初の盲人学校（国境なき点字）を設立した、やはり盲目のドイツ人教育者。盲人の登頂成功はチベットの目の見えない子供達に勇気を与えたという内容に、心を打たれたエリックはチベットの子供達を登山に参加させようと考える。エベレストは無理でも隣の山、ラクパリなら と。ラクパリは標高7000メートル。ちなみにエベレストは8850メートル。挑戦した登山家の20%が命を落としている、誰もが知る世界最高峰の山。

これはドキュメンタリーなので、まずはチベットの盲人達が周囲からどのように見られているかを教えてくれます。彼、彼女らは輪廻転生を信じている人達の中で生きているので、前世が罪人だったから、その罰を受けて視力を奪われていると考えられているのだと。子供の1人は言います。「ぼくの前世の罪は殺人ではないと思うんだ、人を殺してはいけない。ぼくはそうではないと思う」悲しかったです。

観ているうちに、山と人間達に引き込まれました。彼らは常に真剣に本質だけを考えて登っている、そうでなければ死んでしまうから。それでも自分が何かを成し遂げるのだという意思と、それには仲間が必要なのだという事を、議論し合いながら進んでゆくのです。高山病や事故の危険と戦いながら。

エベレストもラクパリも美しく、盲人達にこの映像は見えないのだけれど、彼らはまったく違う感触でもって、彼らだけの美しく恐ろしい山を登ったのだと教えてくれた映画でした。人は自分でやった事に最も幸福を感じる生き物なんです。感動しました。

デジャヴ

Déjà Vu

監督：トニー・スコット
出演：デンゼル・ワシントン、ポーラ・パットン
製作年／国：2006年／アメリカ
DVD発売元：ブエナ ビスタ ホーム エンターテイメント

2006年2月28日、アメリカ、ニューオーリンズ。マルディグラを祝うため、海軍基地の500名を越える水兵とその家族達が、ミシシッピー川を運行するフェリー〝スタンプ号〟に乗り込み、祭りを楽しんでいた。その最中、突然の大爆音と共にフェリーは炎に包まれる。車両デッキに積み込まれていた1台のフォード・ブロンコに爆弾が仕掛けられていたのだ。

直後に現場に到着したATF（連邦法執行機関の

ひとつ、アルコール・タバコ・火器局の略称）のダグ・カーリン。現場近くで発見された女性の死体を見て、ダグはこの女性に会った事があるような感覚(既視感・デジャヴ）に襲われる。

米政府が極秘に開発した犯人を映す7基の監視装置が〝4日と6時間〟遅れて前の映像を送ってくる。それを軍事基地のような秘密の機関で見られると聞かされるダグ。そこには、まだ生きている被害者の女性や爆破される前のフェリーが。

映像を頼りに、ダグは犯人を捕える事が出来るのか？ すでに失われた女性の美しい映像を見ながら彼は彼女——4日と6時間後には死んでいる女に心を奪われてゆく。

後半はSFになってゆくこの物語、私は断然憂いのある前半が好きで、いや面白いお話だと思うのでお薦めなんですが、うーん、その辺の趣味の違い等も楽しんでもらえたらなあと思います。すでに亡くなっている女性の私生活を、事件解決のために覗き見する優秀な捜査官はとても切ない。『バック・トゥー・ザ・フューチャー』シリーズ第1作のブラウン博士（ドク）とか思い出します。

見所は多々ありますが、カーチェイスがこれまで山ほど観てきた映画の中でも秀逸です。スピード感だけでなく、視覚の感覚が狂っている中での緊迫感が凄い。ネタばれになるので説明出来なくて残念ですが、一見の価値ありです。是非!!

トゥモロー・ワールド

Children of Men

監督：アルフォンソ・キュアロン
出演：クライヴ・オーウェン、ジュリアン・ムーア、マイケル・ケイン
製作年／国：2006 年／イギリス、アメリカ
DVD 発売元：東宝東和

オープニングを観れば、良さそうな映画というのは解ります。これはいいです。

時は2027年。TVでニュースが流れている。2009年に未知のウイルスが蔓延し、世界中で子供が産まれなくなって18年、ブエノスアイレスで産まれた〝人類最後の子供〟18歳の少年リカルドが傷害事件に巻き込まれて死んだという悲報。嘆く人々、あるいは「子供だというだけで尊重されて、わがまま放題の嫌なガキだったな」と言う人々。しかしともかく世界から子供はいなくなったのだ。ただの1人も。

未来の世界としての設定はきちんとしているので文句はありません。未来を託すべく子供のいない世の中が荒れ果ててゆくというのも説得力があります。金と暴力、権力と軍事力がものを言う世界。愛は実を結ばない。人は自分のためにしか生きなくなります。今の自分さえ良ければ、後はもう本当にどうでも良くなる。たとえ自分の子供でなくても、子供は子供であるというだけで人間に明日を思わせてくれる希望です。

それを見事にストーリーとして創造したのがこの映画。たった1人の妊婦を救うため、産まれた子供を守るために、本当にたくさんの人が死んでゆきます。それはもう感動的なまでに。自己犠牲とか理屈とかではなく、人類の未来を赤ん坊という存在に見る。これは良い意味で動物と化した人達のお話なのです。だから、赤ん坊を産む少女が黒人なのも解ります。彼女はイノ。今現在の研究では人類最初の人間はアフリカの女性という説が有力です。

がっちりとベースを作っておいて、観客には気持ちだけを伝える。なかなか出来る事ではありません。しかもSF。理屈っぽくなりがちなジャンルなのに。偉いです。

オフサイド・ガールズ

Offside

監督：ジャファル・パナヒ
出演：シマ・モバラク・シャヒ、
サファル・サマンダール、シャイヤステ・イフニ
製作年／国：2006年／イラン

イラン人はみんなサッカーが大好き。男の子はもちろん、女の子もチームを作って頑張っている。しかし、女性はスタジアムで男性のサッカーを観る事が出来ません。宗教上の理由や文化の問題があって。そこで彼女らは男装してサッカー場に入ります。どうしても、試合が観たいから。観たい試合があるから。

これは良かった！　かわいいし切実だし、サッカー好きにはたまらない。しかも何が凄いって、これワールドカップ2006年ドイツ大会の予選、イラン対バーレーン戦を実際にやっている時に撮られているのです。この試合は御存知のようにイランが勝っていて、最後は花火で終わってゆくのですが、もしもこれ、バーレーンが勝っていたら？

監督はその時のシナリオも考えていたと思われます。サッカーに「絶対」はほぼありません。日本対ブラジ

ルとか対イギリス、対ドイツならまた話は違ってきますが、アジア予選ならみんな危ない。何処が勝っても不思議じゃない。そこをドキュメンタリーの舞台に選ぶというのは恐れ入ります。しかも、試合は映画の中に出てきません。カメラはいつもスタジアムの外です。

女の子達はそれぞれの理由があって試合を観に来ています。おそらく、スタジアムの中にも結構紛れ込んでいるのでしょう。でも、映画の中の彼女達は兵隊に捕まってしまった。簡単な手すりに囲まれているだけですが、試合を観る事は出来ません。彼女達は見張っている兵隊達に叫びます。「そこから見えるなら中継してよ!!」何気に経過をアナウンスしてあげる男達。

トイレに行った際、うまく逃げ出してゲームを観ていたけれど、途中でまた帰って来た女の子がゲームの内容を他の子達に、それぞれを選手に見立てて説明してあげているシーンは本当に良かったです。

サッドヴァケイション

Sad Vacation

監督　青山真治
出演：浅野忠信、石田えり、宮﨑あおい、オダギリ ジョー
製作年／国：2007年／日本

中国からやって来た密航者達。彼らの手引きをしていた健次（浅野忠信）は船内で父親を亡くした少年アチュンを連れて逃げる。家には元暴力団員で自殺した男の娘、知的障害を持つユリ（辻香緒里）がいる。中国ヤクザから追われて職を変え、運転代行を始めた健次は間宮運送の社長（中村嘉葎雄）に会い、そこで暮らし始めるが彼には目的があった。間宮の妻・千代子は昔自分を捨てていった母親（石田えり）で、彼女に

復讐するために彼は間宮のアパートに住み込み始めたのだ。

間宮運送に住んでいるのは訳ありの者ばかり。バスジャック事件の生き残り梢（宮崎あおい）借金取りに追われる後藤（オダギリジョー）そして健次の母親も。うまく社会に対応出来ない人間達を間宮は住まわせていた。

人に言えない、うまく説明出来ないあれこれを抱えた者達が擬似家族を作って暮らす。そんな物語には悲しみ、苦しみと共にロマンティックなものを感じます。追い詰められた者達のみが共有出来る感情や生活があるからです。そこに自分は入れないという寂しさと、そんな事情を抱えない方が幸せなのだという安心感、切ない人達の前では鈍い者に映る愚鈍な自分を思うからです。

これが女達の話だと気がつくのに暫くかかりました。強く優しく寂しく辛く、そして弱い女達。石田えりの台詞だけがとてもはっきりと聞こえ、他の女達はほとんどしゃべらず、男達の台詞はぼそぼそと聞こえにくい。意識的にそうしたのかは解りませんが、聞こえなかった台詞は聞かなくても良いものなのではないかと考えました。それでも伝わるのだと思いました。人が寄り添う時の、あの優しい気持ちは。

転々

Tenten (Here And There)

監督：三木聡
出演：オダギリ ジョー、三浦友和、小泉今日子
製作年／国：2007 年／日本

すっごい笑いました。久々。書き手から言うと泣かせるのはわりと簡単なんですけどね、笑わせるのは難しい。知的レベルの高さを問われます。

あいかわらず小ネタのオンパレード監督三木聡ですが、これは本当に、ほんっとーに楽しかった。役者をこんなにうまく使ったのも初めてではないでしょうか？　いつもは如何にも笑える役者でやるところを、今回はオダギリジョーと三浦友和で攻めてきました。一応いい男……ですよね？　でも、いい男が転ぶから面白いというのとは別のところで面白かった。うまい役者さん達なんだなあと気持ちが良かった。小泉今日子も鷲尾真知子も吉高由里子も良かったし、チョイ役の石原良純がまた効いていて、もちろんいつもの岩松了、ふせえり、松重豊（クリストファー・ウォーケン似）も出ています。そしてなんといっても今回美味しいとこ取りだったのは最後にテロップが上がってきた時、会場中がくくくと笑った岸部一徳役の岸部一徳。

ああ、お話を少しは説明しておかないと。借金を抱えた法科の大学生オダギリジョーは取り立てに来た三浦友和に100万円やるから散歩に付き合えと誘われる。彼は妻をうっかり殺してしまったので桜田門の警視庁に自首するのだという。井の頭公園から始まる東京散歩。1人じゃつまんない中年男と金のために付き合う若者。中年男はもし息子がいたらこれを連れて行っただろうし、若者は子供の頃に両親に捨てられて養育していた親もいなくなってしまって天涯孤独。擬似親子な感じがうっすらと見えてきます。

冴えてましたね。DVDも買おうと思いました。友達に無理やり観せたいです。

パンズ・ラビリンス

El Laberinto Del Fauno

フランコ政権下で犠牲になっていった
すべての人々に捧げられている、と思われる
作品です。

監督：ギレルモ・デル・トロ
出演：イヴァナ・バケロ、ダグ・ジョーンズ、セルジ・ロペス
製作年／国：2006年／スペイン、メキシコ

ダーク・ファンタジー。ファンタジーというのは冒険して問題をクリアして、子供が少し大人になるものだと思っていたので、これで泣くとは思いませんでした。

フランコ政権下の事を描いた映画を続けて観ました。ひとつめは『サルバドールの朝』で、良い映画でしたが辛かった。ゲリラ側の青年が囚人になって死刑になるかどうかというお話です。

で、こちらの主人公は少女オフェリア。1944年、彼女は仕立て屋だった夫を亡くしてビダル大尉と再婚した臨月の母親と共に、大尉の駐屯地である山奥にやって来る。

夜更け、体調の良くない母親の横で休んでいるオフェリアのところに昆虫の姿をした妖精がやって来て告げる。実はあなたは魔法の国のプリンセス、モアナの生まれ変わりで、3つの試練を乗り越えれば王国に戻れるのだと。辛い現実の生活から逃れるように迷宮に向かうオフェリア。そこで彼女を待っていた試練とは?

ファンタジーというのは何処から生まれてくるのかしらと、改めて考えさせられる作品でした。こんなに小さな少女にこの現実は過酷過ぎる。幻の王国を求めなければ生きられなかった幼い心に胸が張り裂ける思いです。ネタばれになるので何も書けないんですけど、いやキャラクターとか特撮とか面白いものはいろいろ出てくるんですよ。でもね、それは観て驚いてもらいたいので。

にしても、小さな魂がこんな目に遭わなくてもいいんじゃないのか?! 幸せってなんなの?! と、私のなけなしの母性に訴えるものがあったので、という事は良い映画だったのかなと思ったのでした。

「御来館、ありがとうございました。
1本でも見て頂けて、
楽しんで頂けたなら
こんなに嬉しい事はありません。

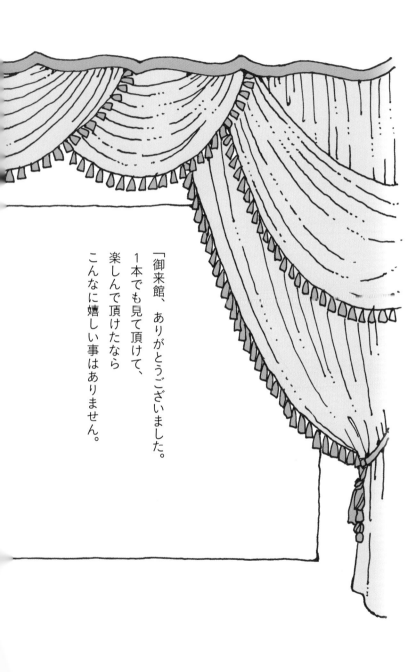

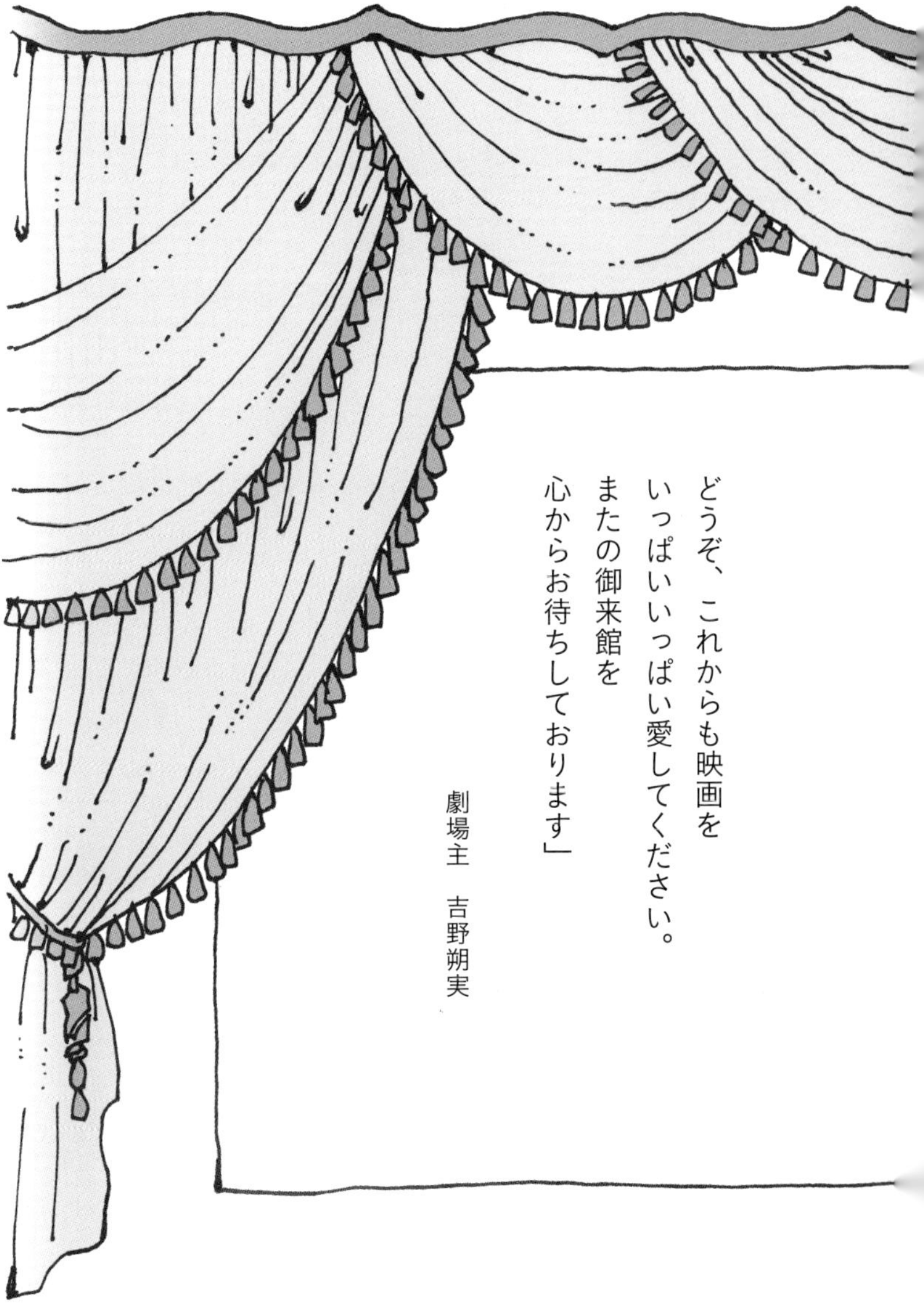

どうぞ、これからも映画を
いっぱいいっぱい愛してください。
またの御来館を
心からお待ちしております」

劇場主　吉野朔実

タイトル	初出	掲載頁
あ 悪魔とダニエル・ジョンストン	(My HOME+、Vol.06、2006 年)	190
明日へのチケット	(My HOME+、Vol.06、2006 年)	184
アダプテーション	(X-Knowledge HOME [以下、XH]、Vol.20、2003 年)	44
アララトの聖母	(XH、Vol.21、2003 年)	50
あるいは裏切りという名の犬	(XH 特別編集、No.8、2006 年)	194
ある子供	(XH 特別編集、No.6、2005 年)	144
イカとクジラ	(XH 特別編集、No.8、2006 年)	192
ウィスキー	(My HOME+、SPRING、2005 年)	100
ヴェラ・ドレイク	(My HOME+、Vol.01、2005 年)	112
エヴァとステファンとすてきな家族	(XH、Vol.23、2004 年)	60
エコール	(XH 特別編集、No.7、2006 年)	176
エデンより彼方に	(XH、Vol.17、2003 年)	34
オールド・ボーイ	(XH 特別編集、No.3、2004 年)	86
オフサイド・ガールズ	(My HOME+、Vol.10、2007 年)	234
女はみんな生きている	(XH、Vol.22、2003 年)	54
か 輝ける青春	(My HOME+、Vol.01、2005 年)	108
隠された記憶	(XH 特別編集、No.7、2006 年)	182
過去のない男	(XH、Vol.13、2003 年)	16
カポーティ	(My HOME+、Vol.06、2006 年)	188
神に選ばれし無敵の男	(XH、Vol.14、2003 年)	20
亀も空を飛ぶ	(My HOME+、Vol.02、2005 年)	140
狩人と犬、最後の旅	(My HOME+、Vol.05、2006 年)	166
カンフーハッスル	(野性時代、2005 年 7 月号)	120
岸辺のふたり	(野性時代、2005 年 7 月号)	122
キル・ビル Vol.2 ——ザ・ラブ・ストーリー	(XH 特別編集、No.2、2004 年)	78
グアンタナモ、僕達が見た真実	(My HOME+、Vol.07、2007 年)	204
クィーン	(My HOME+、Vol.08、2007 年)	212
グエムル——漢江の怪物	(My HOME+、Vol.09、2007 年)	222
ククーシュカ——ラップランドの妖精	(My HOME+、Vol.04、2006 年)	162
グッドナイト & グッドラック	(My HOME+、Vol.04、2006 年)	164

グッバイ、レーニン！…………（XH特別編集、No.1、2004年）……………………66
月曜日に乾杯！……………………（XH、Vol.19、2003年）……………………………40
恋の門……………………………（XH特別編集、No.3、2004年）……………………82
皇帝ペンギン……………………（My HOME+、Vol.01、2005年）………………114
コーヒー＆シガレッツ ………（My HOME+、SPRING、2005年）……………104
こころの湯………………………（XH、Vol.13、2003年）……………………………18

さ 殺人の追憶………………………（XH特別編集、No.2、2004年）……………………74
サッド ヴァケイション ………（My HOME+、Vol.10、2007年）………………236
シービスケット…………………（XH特別編集、No.1、2004年）……………………72
10億分の1の男 ………………（XH、Vol.20、2003年）……………………………46
少女の髪どめ……………………（XH、Vol.17、2003年）……………………………32
人生は、時々晴れ………………（XH、Vol.18、2003年）……………………………36
スウィート・スウィートバック …（My HOME+、Vol.02、2005年）………………138
図鑑に載ってない虫……………（My HOME+、Vol.09、2007年）………………220
スキージャンプ・ペア──
オフィシャルDVD ……………（XH特別編集、No.2、2004年）……………………80
素敵な歌と舟はゆく……………（PEC MAGAZINE、No.69、2001年）……………10
スパイダー──
少年は蜘蛛にキスをする………（XH、Vol.15、2003年）……………………………24
スパイダーマン　スパイダーマン2
スパイダーマン3………………（野性時代、2005年7月号）………………………118
せかいのおわり…………………（XH特別編集、No.5、2005年）…………………128

た ダーウィンの悪夢 ……………（My HOME+、Vol.06、2006年）………………186
ターネーション…………………（XH特別編集、No.5、2005年）…………………130
ダウン・イン・ザ・バレー ……（XH特別編集、No.6、2005年）…………………146
ダック・シーズン………………（My HOME+、Vol.09、2007年）………………224
タッチ・オブ・スパイス………（XH特別編集、No.4、2005年）……………………92
ダメジン…………………………（My HOME+、Vol.05、2006年）………………168
チェブラーシカ…………………（XH特別編集、No.4、2005年）……………………98
チャーリーとチョコレート工場…（My HOME+、Vol.03、2006年）………………156
厨房で逢いましょう……………（XH特別編集、No.9、2007年）…………………226
ディア・ウェンディ……………（My HOME+、Vol.03、2006年）………………152

Dear フランキー …………………（XH 特別編集、No.5、2005 年）………………… 126
デジャヴ……………………………（XH 特別編集、No.9、2007 年）………………… 230
鉄コン筋クリート ………………（My HOME+、Vol.07、2007 年）………………… 206
デブラ・ウィンガーを探して …（XH、Vol.18、2003 年）……………………………… 38
天空の草原のナンサ ……………（XH 特別編集、No.6、2005 年）………………… 142
転々…………………………………（My HOME+、Vol.10、2007 年）………………… 238
10 ミニッツ・オールダー
イデアの森…………………………（XH、Vol.23、2004 年）……………………………… 58
10 ミニッツ・オールダー
人生のメビウス……………………（XH、Vol.23、2004 年）……………………………… 58
トゥモロー・ワールド …………（XH 特別編集、No.9、2007 年）………………… 232
トーク・トゥ・ハー ……………（XH、Vol.16、2003 年）……………………………… 28
トランスアメリカ ………………（XH 特別編集、No.7、2006 年）………………… 178

な ノー・マンズ・ランド …………（PEC MAGAZINE、No.73、2002 年）……………… 12

は パイレーツ・オブ・カリビアン　呪われた海賊たち／デッドマンズ・チェスト／
ワールド・エンド ………………（野性時代、2005 年 7 月号）……………………… 116
ハックル……………………………（My HOME+、Vol.02、2005 年）………………… 134
バッドアス！………………………（My HOME+、Vol.02、2005 年）………………… 138
バッド・エデュケーション ……（My HOME+、SPRING、2005 年）……………… 102
パパにさよならできるまで ……（My HOME+、Vol.08、2007 年）………………… 214
バベル………………………………（My HOME+、Vol.08、2007 年）………………… 208
ハリウッド★ホンコン…………（XH、Vol.16、2003 年）……………………………… 30
パリ・ルーヴル美術館の秘密　（XH、Vol.23、2004 年）……………………………… 62
パンズ・ラビリンス ……………（My HOME+、Vol.10、2007 年）………………… 240
PTU…………………………………（My HOME+、SPRING、2005 年）……………… 106
ビハインド・ザ・サン…………（XH 特別編集、No.3、2004 年）……………………… 84
ピンチクリフ グランプリ ……（My HOME+、Vol.07、2007 年）………………… 200
ファニーゲーム……………………（XH、Vol.14、2003 年）……………………………… 22
ブラインドサイト——
小さな登山者たち…………………（XH 特別編集、No.9、2007 年）………………… 228
ブラック・ダリア ………………（XH 特別編集、No.8、2006 年）………………… 196
プレステージ………………………（My HOME+、Vol.09、2007 年）………………… 218
ブロークン・フラワーズ ………（My HOME+、Vol.04、2006 年）………………… 158

ベルヴィル・ランデブー ……… (XH 特別編集、No.4、2005 年) ……………………… 94
僕と未来とブエノスアイレス … (XH 特別編集、No.6、2005 年) ……………………… 148
ボブ・ディランの頭のなか …… (XH 特別編集、No.5、2005 年) ……………………… 124
ボルベール——帰郷 …………… (My HOME+、Vol.08、2007 年) ……………………… 210

ま マイ・アーキテクト——
ルイス・カーンを探して ……… (My HOME+、Vol.03、2006 年) ……………………… 150
マグダレンの祈り ……………… (XH、Vol.21、2003 年) ……………………………… 52
ミトン ………………………… (XH 特別編集、No.4、2005 年) ……………………… 98
みんな誰かの愛しい人 ………… (XH 特別編集、No.3、2004 年) ……………………… 88
麦の穂をゆらす風 ……………… (XH 特別編集、No.8、2006 年) ……………………… 198
息子のまなざし ………………… (XH、Vol.22、2003 年) ……………………………… 56
メルキアデス・
エストラーダの 3 度の埋葬 …… (My HOME+、Vol.04、2006 年) ……………………… 160
モンドヴィーノ ………………… (My HOME+、Vol.02、2005 年) ……………………… 136

や 雪に願うこと ………………… (My HOME+、Vol.05、2006 年) ……………………… 170
ゆれる ………………………… (XH 特別編集、No.7、2006 年) ……………………… 180
善き人のためのソナタ ………… (My HOME+、Vol.07、2007 年) ……………………… 202
酔っぱらった馬の時間 ………… (PEC MAGAZINE、No.78、2002 年) ………………… 14

ら ラヴェンダーの咲く庭で ……… (My HOME+、Vol.01、2005 年) ……………………… 110
リード・マイ・リップス ……… (XH、Vol.19、2003 年) ……………………………… 42
リトル・ランナー ……………… (My HOME+、Vol.03、2006 年) ……………………… 154
猟人日記 ……………………… (XH 特別編集、No.4、2005 年) ……………………… 96
レジェンド・オブ・メキシコ——
デスペラード ………………… (XH、Vol.23、2004 年) ……………………………… 64
列車に乗った男 ………………… (XH 特別編集、No.2、2004 年) ……………………… 76
レッド・ドラゴン ……………… (XH、Vol.15、2003 年) ……………………………… 26
ローズ・イン・タイドランド …… (My HOME+、Vol.05、2006 年) ……………………… 172

わ わが故郷の歌 ………………… (XH 特別編集、No.1、2004 年) ……………………… 68
WATARIDORI ………………… (XH 特別編集、No.1、2004 年) ……………………… 70

本書中の DVD 発売元に関するデータは 2007 年 11 月現在のものです。

吉野 朔実　よしの さくみ
2月19日生まれ。漫画家。1980年、少女漫画雑誌『ぶ～け』（集英社）でデビュー。主な作品に『少年は荒野をめざす』『ジュリエットの卵』『恋愛的瞬間』（集英社）、『瞳子』『period』（小学館）など。そのほか、書評エッセイや映画コラムの執筆など多岐にわたる活動を展開。著書に、映画ガイド『こんな映画が、』（パルコ出版／河出文庫）、書評漫画エッセイ『お父さんは時代小説（チャンバラ）が大好き』『お母さんは「赤毛のアン」が大好き』『弟の家には本棚がない』『犬は本よりも電信柱が好き』『本を読む兄、読まぬ兄』（本の雑誌社）などがある。
2016年4月、逝去。

新装復刊

吉野朔実のシネマガイド
シネコン111

2017年2月20日　初版第1刷発行

著者…………………………吉野 朔実

発行者………………………澤井 聖一

発行所………………………株式会社エクスナレッジ
〒106-0032　東京都港区六本木7-2-26
電話　03-3403-1321（販売）
　　　03-3403-5898（編集）

印刷・製本…………………シナノ書籍印刷株式会社

表紙・本文デザイン ……澤地 真由美

ISBN978-4-7678-0659-4

＊本書は2008年にエクスナレッジより刊行した
『シネコン111　吉野朔実のシネマガイド』を復刊したものです。